James Skerret Shore Baird

A Catalogue of Greek Verbs

Irregular and defective, their leading tenses and dialectic inflections, arranged in a tabular form; with an appendix, containing paradigms for conjugation, etc.

- Bath
- Wash hire
- Cats
- Kitchen
- Dining Room
- Bathan
- Study
- Sitting Room

James Skerret Shore Baird

A Catalogue of Greek Verbs
Irregular and defective, their leading tenses and dialectic inflections, arranged in a tabular form; with an appendix, containing paradigms for conjugation, etc.

ISBN/EAN: 9783337697068

Printed in Europe, USA, Canada, Australia, Japan

Cover: Foto ©Paul-Georg Meister /pixelio.de

More available books at **www.hansebooks.com**

A CATALOGUE

OF

GREEK VERBS,

Irregular and Defective,

THEIR

LEADING TENSES AND DIALECTIC INFLECTIONS,

ARRANGED IN A TABULAR FORM:

WITH AN

APPENDIX, CONTAINING PARADIGMS FOR CONJUGATION, &c.

BY

JAMES SKERRETT BAIRD,

TRINITY COLLEGE, DUBLIN,
AUTHOR OF THE "CLASSICAL MANUAL."

NEW EDITION.

London:
GEORGE BELL AND SONS,
YORK STREET, COVENT GARDEN.
1880.

TO THE RIGHT REVEREND

JAMES HENRY,

LORD BISHOP OF GLOUCESTER AND BRISTOL,

This Work

IS, BY PERMISSION, INSCRIBED

BY HIS LORDSHIP'S

MOST HUMBLE AND OBEDIENT SERVANT,

JAMES SKERRETT BAIRD.

PREFACE.

NOTWITHSTANDING the existence of the admirable works of Buttmann and of other distinguished Writers on the subject of the Greek Verb, it will be readily admitted by those engaged in Tuition that a work is still wanting which would supply the Student with the leading tenses of the principal Irregular Verbs occurring in the Greek classical writers, in a conspicuous form, and unencumbered by references and philological disquisition.

To meet this recognized want the present work has been prepared. No labour or expense has been spared in its compilation; the best writers have been freely consulted, and care has been taken to insert those tenses only which are actually in use, or for which good authority has been found. Some formations from later writers have occasionally been introduced, but they are uniformly distinguished from pure forms by the letter L. The chief dialectic changes have been given, as well as every information, by way of note, which limited space would admit or usefulness suggest. A copious Appendix has been supplied, which, it is hoped, will prove of considerable service, as it not only furnishes Paradigms for reference, but also Rules for Formation of Tenses, Remarks on Augment and Reduplication, and the chief Dialectic Inflections of the Defective Verbs of most frequent occurrence.

As the price of the works which have appeared, on the Greek Verb, has to some extent impeded their general use in Schools, the Author trusts that the moderate price of the present work, when compared with those of a similar class, will ensure for it a general introduction into those Schools in which the language of Ancient Greece is a prominent study.

In the compilation frequent reference has been made (as before stated) to the best writers; but the Author is particularly indebted to the works of Buttmann, Matthiæ, Veitch, Krüger, Kuhner, and Passow; all of which he would earnestly commend to the attentive perusal of the Student who would study fully the subject of the Irregular Greek Verb.

CHELTENHAM, *January,* 1853.

In the present edition great pains have been taken to make the list accurate and complete. Several errors have been corrected and some words added.

INTRODUCTORY NOTE.

The following Catalogue is divided into *Two* Parts. The First contains, in a Tabular form, the most prominent Verbs; the Second the Verbs of less frequent occurrence, or those used in but few tenses.

It has not been deemed requisite to supply in every case the *Imperfect* Indicative, and 1 *Aorist* Middle (except when irregularities exist), as their formation can easily be obtained from the rules given in the Appendix.

The Imperfect and 1st Aorist forms ending in -εσκον, -ασκον, and termed frequentative, as implying a frequently-repeated action, have only occasionally been given: when not found in the Catalogue, their distinguishing form will at once enable the Student to refer them to the proper tense.

ABBREVIATIONS.

Att.	=	Attic.
Dor.	=	Doric.
Ep.	=	Epic.
Ion.	=	Ionic.
Æol.	=	Æolic.
Poet.	=	Poetic.
Freq.	=	Frequentative.
M.	=	Middle (Voice).
L.	=	Late (i. e. not used in purer writers).
r.	=	rare.

CONTENTS.

	PAGE
GREEK VERBS, Part I.	2
„ „ Part II.	57
APPENDIX :—General Rules for the Formation of Tenses (Active Voice)	64
Passive Voice	66
Middle Voice	ib.
Contract Verbs	67
Verbs in μι	ib.
Augment	68
Compound Verbs	69
Reduplication	70
Attic Reduplication	ib.
Syncopated Perfects	71
List of Syncopated Perfects	ib.
Paradigms of Conjugation.—Active Voice	72, 73
„ „ Passive and Middle Voices	74, 75
Contract Verbs	76, 77
Verbs in μι.—Active, Passive, and Middle Voices	78, 79
Verbs with Second Aorist like Verbs in μι	80
Verbs in μι which annex the Syllable νυ or ννυ to the original Root	81
Root ending with a Consonant	ib.
εἰμί, I am.—εἶμι, I go	82, 83
ἵημι, I send	84
φημί, I say.—ἴσημι, I know	85
κεῖμαι, I lie.—ἧμαι, I sit	86

GREEK VERBS.

ἀγάλλω—ἁλίζω.

VERBS.	English.	Future.	Perfect.	Perf. pass.	1st Aorist.	2nd Aorist.	2nd Perfect	Remarks, &c.
ἀγάλλω	adorn	ἀγαλῶ	. .	. .	ἤγηλα	. .	. .	1st aor. inf. ἀγῆλαι
ἀγάομαι	admire	ἀγάσομαι (σω) Ep.	. .	. .	ἠγασάμην, ἠγάσθην	. .	. .	Pres. and imp. like ἵσταμαι, collateral pres. ἀγάομαι and ἀγαίομαι, 2 pl. pr. ἀγάασθε
ἀγγέλλω	announce	ἀγγελῶ -έω, Ion. -ῶ, Dor.	ἤγγελκα	ἤγγελμαι	ἤγγειλα, ἠγγέλθην ἁ———, Dor.	ἤγγελον ἠγγέλην, I.	. .	
ἀγείρω	collect	ἀγερῶ	. .	ἀγήγερμαι	ἤγειρα, ἠγέρθην	ἀγερόμην	. .	3 pl. perf. p. ἀγηγέραται, plup ἀγηγέρατο, 3 pl. 1 aor. p. ἠγέρθεν, 2 aor. sync. ἀγρόμενος
ἀγνοέω, Ep. ἀγνοιέω	not to know	ἀγνοήσω	ἠγνόηκα	ἤγνωμαι	ἠγνόησα, ἀγνοίησα, Ep. ἠγνοήθην	. .	. .	3 sing. 1 aor. Ep. ἀγνώσασκε
ἄγνῡμι	break	ἄξω	. .	ἔαγμαι	ἔαξα, ἦξα, Ep.	ἐά γην ἄγην, r.	ἔαγα	1st aor. part. ἄξας and ἐάξας 3 pl. aor. 2 p. ἄγεν, Ep. F. pass. ἀχθήσομαι
ἄγω	lead	ἄξω ἀξῶ, Dor.	ἦχα, ἀγήοχα	ἦγμαι	ἦξα, ἤχθην	ἤγαγον ἠγαγόμην	ἔηγα, Ion.	
ἀγωνίζομαι	contend	ἀγωνιοῦμαι	. .	ἠγώνισμαι	ἠγωνισάμην, ἠγωνίσθην	. .	. .	3 perf. p. pl. Ionic ἀγωνίδαται
ᾄδω	sing	ᾄσω, ᾀσομαι ᾀσῶ, Dor.	. .	ᾖσμαι	ᾖσα, ᾔσθην	. .	. .	Poet. for ἀείδω, Imp. ᾖδον
ἀείδω	sing	ἀείσομαι	. .	. .	ἤεισα	. .	. .	See ᾄδω
αἰδέομαι	fear, feel shame	αἰδέσομαι	. .	ᾔδεσμαι	ᾐδεσάμην, αἰδεσσάμην ᾐδέσθην	. .	. .	Poet. αἴδομαι, 3 pl. p. 1 aor. αἴδεσθεν

	ἀρῶ	ἦρκα	ἦρμαι	ἦρα, ἤρθην	ἀρόμην	F. pass. ἀρθήσομαι, aor. 1 subj. ἄ῾ρω, 3 sing. plup. p. ἄωρτο
αἴρω raise						
αἰσθάνομαι perceive	αἰσθήσομαι		ᾔσθημαι	ᾐσθάνθην, L. ᾐσθόμην		Pres. αἰσθοῦμαι, rare
ἀΐσσω rush -ττω	ἀΐξω			ᾖξα, ᾔχθην		Inf. aor. 1 ἀΐξασθαι, Att. ᾆσσω, -ττω, aor. ᾖξα
αἰσχύνω disgrace	αἰσχυνῶ	ᾔσχυγκα, L.	ᾔσχυμμαι	ᾔσχῡνα, ᾐσχύνθην		F. pass. αἰσχυνθήσομαι
αἰτιάομαι blame, accuse	αἰτιάσομαι		ᾐτίαμαι	ᾐτιασάμην, ᾐτιάθην		F. pass. αἰτιαθήσομαι, 3 pl. imp. Epic ᾐτιόωντο
ἀκαχίζω grievo	ἀκαχήσω		ἀκάχημαι & ἀκήχεμαι	ἤκάχησα	ἠκαχόμην	ἄχνυμαι, 3 pl. perf. ἀκηχέδαται, inf. ἀκάχησθαι
ἀκούω hear	ἀκούσομαι ἀκούσω, L.	ἄκουκα, Dor. ἤκουκα, L.	ἤκουσμαι ἀκήκουσμαι	ἤκουσα, ἠκούσθην		ἄχομαι, 3 pl. plup. ἀκαχείατο F. pass. ἀκουσθήσομαι Pl. per. 2 ἠκηκόειν ἀκήκοα
ἀκροάομαι hear, listen to	ἀκροάσομαι		ἠκρόαμαι	ἠκροασάμην		
ἀλάομαι wander			ἀλάλημαι	ἀλήθην, ἀλήθην, Poet.		Perf. part. p. ἀλαλήμενος
ἀλγύνω vex	ἀλγυνῶ			ἤλγῡνα, ἠλγύνθην		
ἀλείφω anoint	ἀλείψω	ἤλοιφα ἀλήλιφα ἀλήλειφα	ἀλήλιμμαι	ἤλειψα, ἠλείφθην	ἠλίφην	F. pass. ἀλειφθήσομαι, 3 perf. p. s. ἀλήλειπται (Lucian)
ἀλέξω ward off	ἀλεξήσω			ἠλέξησα, ἤλεξα	ἠλαλκον ἀλαλκον (r)	Inf. aor. 1 ἀλέξασθαι
ἀλεύω avert	ἀλεύσω		ἤλευσα	ἤλευσα		1 aor. mid. ἠλευάμην
ἀλέω grind	ἀλέσω	ἀλήλεκα	ἀλήλεσμαι -εμαι	ἤλεσα, ἠλίσθην (σσ)		
ἀλθήσκω heal	ἀλθῶ, Att. ἀλθήσω		ἤλεσμαι, L.	ἤλθησα		F. pass. ἀλθήσομαι Other forms ἄλθομαι, ἀλθ-αίνω, -ίσκω, -άσσω, -έσσω
ἀλίζω collect	ἀλίσω		ἤλισμαι	ἤλισα, ἠλίσθην		

ἀλίνδω—ἀπέχθομαι

VERBS.	English.	Future.	Perfect.	Perf. pass.	1st Aorист.	2nd Aorист.	2nd Perfect.	Remarks, &c.
ἀλίνδω -έω ἀλίω	roll	ἀλίσω	ἤλικα	. .	ἤλισα	. .	. .	Perf. pass. part. ἀλινδημένος
ἀλίσκομαι	am taken	ἀλώσομαι	ἑάλωκα ἥλωκα ἅλωκα, Dor.	. .	. .	ἑάλων, ἥλων	. .	Act. supplied by αἱρέω. Subj. 2 a. ἁλῶ, ᾧς, &c. Opt. ἁλοίην, Ion.
ἀλιταίνω	sin	ἀλιτήσω	. .	. .	ἀλίτησα, r.	. .	. .	Anomalous part. ἀλιτήμενος
ἀλλάσσω -ττω	change	ἀλλάξω	ἤλλαχα	ἤλλαγμαι	ἤλλαξα, ἠλλάχθην	ἤλιτον ἀλιτόμην ἠλλάγην	. .	
ἄλλομαι	leap	ἁλοῦμαι -εῦμαι, Dor.	. .	. .	ἡλάμην, (α) Dor.	ἡλόμην	. .	Syncop. 2 aor. m. ἆλσο, ἆλτο, part. ἅλμενος
ἀλοάω	thrash	ἀλοήσω,ἀλοιάσω	. .	ἠλόημαι	ἠλόησα, ἠλοίησα, Ep.	. .	. .	
ἁμαρτάνω	err	ἁμαρτήσομαι ἁμαρτήσω	ἡμάρτηκα	ἡμάρτημαι	ἡμάρτησα, L. ἡμαρτήθην	ἥμαρτον	. .	2 aor. Ep. ἤμβροτον
ἀμβλίσκω	miscarry	ἀμβλώσω	ἤμβλωκα	ἤμβλωμαι	ἤμβλωσα, ἠμβλώθην	ἤμβλων	. .	Aor. 2 dec. like ἔγνων
ἀμβλύνω	blunt	ἀμβλυνῶ	. .	ἠμβλυμμαι	ἠμβλύνα, ἠμβλύνθην	. .	. .	
ἀμείβω	change	ἀμείψω	. .	ἤμειπται	ἤμειψα, ἠμείφθην	. .	. .	Aor. 1 also ἄμειψα and ἀμείφθην
ἀμείρω	deprive	ἀμέρσω	. .	. .	ἤμερσα, ἡμέρθην	. .	. .	
ἀμπέχω ἀμπίσχω -ίσχω	wrap round	ἀμφέξω	. .	. .	. .	ἤμπισχον ἠμπισχόμην	. .	Imp. ἀμπεῖχον, Ep. ἄμπεχον
ἀμύνω	ward off	ἀμυνῶ	. .	. .	ἤμυνα	. .	. .	
ἀμφιέννυμι -έω, Ion.	clothe	ἀμφιέσω -ιῶ, Att.	. .	ἠμφίεσμαι ἀμφίειμαι.P	ἠμφίεσα, ἀμφίεσα, P.	. .	. .	
ἀμφισβητ- τέω	dispute	ἀμφισβητήσω	ἠμφισβή- τηκα	. .	ἠμφισβήτησα ἠμφεσβήτησα ἠμφισβητήθην	. .	. .	Imp. ἠμφισβήτουν or ἠμφεσβήτουν

ἀναλίσκω consume ἀναλόω	ἀναλώσω	ἀνάλωκα ἀνήλωκα	ἀνάλωμαι ἠ—	ἀνάλωσα, ἀνάλωθην ἀνή——, ἀνη—	. . .	. . .	Imp. ἀνήλισκον, ἀνάλουν, F. pass. ἀναλωθήσομαι
ἀνδάνω please	ἁδήσω	. . .	. . .	. . .	ἕαδον, ἅδον εὔαδον, Ep.	ἕαδα ἕαδα, Dor.	Imp. ἥνδανον, ἐήνδανον, ἐάνδανον
ἀνδραπο- enslave δίζω ἀνιάω vex	ἀνδραποδιῶ -ήσω, Ion. ἀνιάσω -ήσω, Ion.	. . .	ἠνδραπό- διςμαι ἠνίημαι	ἠνδραπόδισα ἠνδραποδίσθην ἠνίασα, -ησα, Ion. ἠνιάθην ἀνιή—, Ion.	. . .	. . .	
ἀνοίγνυμι open ἀνοίγω	ἀνοίξω	ἀνέῳχα	ἀνέῳγμαι ἀνοίγμαι	ἀνέῳξα, ἀνεῴχθην ἠνοίξα, ἠνοίχθην, L. ἀνῶξα ἀνοίξω, Ion.	ἠνοίγην, L.	ἀνέῳγα	Imp. ἀνέῳγον, ἥνοιγον, Ep. ἀνῶγον. Inf 1 a. ἀνοίξαι. P.-p. f. ἀνεῴξομαι
ἀνορθόω set upright ἀντάω meet ἀντιάω	ἀνορθώσω ἀντήσω -άσω, Dor. ἀντιάσω	. . .	ἠνώρθωμαι	ἠνώρθωσα, (ἀν-) ἤντησα -άσα, Dor. ἀντίασα	. . .	. . .	Imp. ἠνώρθοων Imp. ἤντεον, Ionic for ἤντᾱον
ἀνύω,-ύτω accomplish ἀνώγω order	ἀνύσω ἀνώξω	. . .	ἤνυσμαι	ἤνυσα, ἠνύσθην ἤνωξα	. . .	ἄνωγα	Imp. ἤνυγον, ἀνῶγον, 2 Pl.-per. ἠνώγεα, 3 sing. ἠνώγει, Imp. ἄνωχθι and 3 per. s. ἀνώχθω
ἀπαντάω meet	ἀπαντήσομαι -σω, L.	ἀπήντηκα	ἀπήντημαι	ἀπήντησα, ἀπηντήθην	. . .	. . .	
ἀπαυράω take away	. . .	. . .	. . .	. . .	ἤπαφον ἀπηχθόμην	. . .	Imp. ἀπηύρων, ἀπηύρας, ἀπηύρα, with aor. signif.
ἀπαφίσκω deceive ἀπεχθάνο- am hated μαι ἀπέχθομαι	ἀπαφήσω ἀπεχθήσομαι	. . .	ἀπήχθημαι	ἀπάφησα, r.			

6   ἀπιστέω—βαίνω.

VERBS.	English.	Future.	Perfect.	Perf. pass.	1st Aorist.	2nd Aorist.	2nd Perfect.	Remarks, &c.
ἀπιστέω	disbelieve	ἀπιστήσω	ἠπίστηκα	. .	ἠπίστησα	. .	. .	
ἀπολαύω	enjoy	ἀπολαύσομαι -σω, L.	ἀπολέλαυκα	ἀπολέλαυ-μαι	ἀπέλαυσα, ἀπήλαυσα	ἀπέλαυον, (ἡ) L.	. .	
ἀπολογέο-μαι	make a defence	ἀπολογήσομαι	. .	ἀπολελόγη-μαι	ἀπελογησάμην ἀπελογήθην	. .	. .	
ἀπορέω	be at a loss, want	ἀπορήσω	ἠπόρηκα	ἠπόρημαι	ἠπόρησα, ἠπορήθην	. .	. .	Imp. ἠπόρουν
ἀποχράω -έω, Ion.	be sufficient	ἀποχρήσω	. .	. .	ἀπέχρησα	. .	. .	Inf. ἀποχρῆν. Generally impersonal
ἅπτω	fasten	ἅψω	. .	ἧμμαι ἅμμαι, Ion.	ἧψα, ἥφθην Ep. ἐάφθην	. .	. .	
ἀράομαι -έομαι, Ion.	pray	ἀράσομαι ἀρήσομαι, Ion.	. .	ἤραμαι	ἠρασάμην (ἠ) Ion.	. .	. .	
ἀραρίσκω	fit, adapt	ἀρῶ, ἄρσω, Ion.	. .	ἀρήρεμαι	ἦρσα, ἤρθην	ἤραρον, ἄραρον	ἄραρα ἄρηρα, Ion.	ᾶ Epic, ᾰ Attic, Inf. act. ἀρήμεναι, Odyssey 22, l. 322 Imp. freq. ἀράρισκε, 2 aor. mid. part. ἄρμενος, plup. p. ἠρήρειμην
ἀράσσω -ττω	strike	ἀράξω	. .	. .	ἤραξα, ἠράχθην	. .	. .	
ἀρέσκω	please	ἀρέσω(σσο Poet)	ἀρέρεκα, L.	ἤρεσμαι	ἤρεσα, ἠρέσθην	. .	. .	
ἀριστάω	dine	ἀριστήσω	ἠρίστηκα	. .	ἠρίστησα	. .	. .	Perf. 1 pl. sync. ἠρίστῠμεν
ἀρκέω	ward off	ἀρκέσω	. .	ἤρκεσται, L.	ἤρκεσα, ἠρκέσθην	. .	. .	F. pass. ἀρκεσθήσομαι
ἁρμόζω -όσδω, Dor. -όττω	fit	ἁρμόσω	ἥρμοκα	ἥρμοσμαι ἅρμ—, Dor.	ἥρμοσα, ἡρμόσθην ἅρμ—, (ἁρ) L.	. .	. .	F. pass. ἁρμοσθήσομαι
ἀρνέομαι	deny	ἀρνήσομαι	. .	ἤρνημαι	ἠρνησάμην, ἠρνήθην	. .	. .	F. pass. ἀρνηθήσομαι
ἀρόω	plough	ἀρ᾽σω(σσο Poet)	. .	ἀρήρομαι	ἤροσα, ἠρόθην (ᾶ) Dor.	. .	. .	Ion. inf. pres. ἀρόμμεναι ἀρόμεναι

ἁρπάζω	seize	ἁρπάσω	ἥρπακα	ἥρπασμαι	ἥρπασα, ἥρπασθην, ἥρπάχθην	ἥρπάγην, L.	Later fut. ἁρπάξω, aor. ἥρπαξα, p. pass. ἥρπαγμαι, F. pass. ἁρπασθήσομαι
ἀρτύω	prepare	ἀρτύσω	ἥρτυκα	ἥρτῡμαι	ἥρτῡσα, ἠρτύθην	. .	
ἀρύω -τω, Att.	draw water	ἀρύσω	. .	. .	ἥρῡσα, ἠρύσθην	. .	ῡ Epic, ῡ Attic. Imp. ἥρυον, Aor. 1 also ἠρύθην
ἄρχω	command	ἄρξω	ἦρχα	ἦργμαι	ἦρξα, ἤρχθην	. .	F. pass. ἀρχθήσομαι.
ἀσσω,-ττω	rush	see ἀΐσσω					
αὐαίνω	am dry	αὐανῶ	. .	. .	ηὔηνα, αὐάνθην	. .	Imp. ηὐαινόμην, F. pass. αὐανθήσομαι
αὐδάω	speak	αὐδήσω -άσω	ηὔδηκα	. .	ηὔδησα, ηὐδήθην -άσα, Dor.	. .	Imp. ηὔδων, 1 Aor. mid. ηὐδαξάμην
αὐξάνω αὔξω	increase	αὐξήσω	ηὔξηκα	ηὔξημαι	ηὔξησα, ηὐξήθην	. .	F. pass. αὐξηθήσομαι, F. mid. αὐξανοῦμαι
αὔω	shout	αὔω	. .	. .	ἤῡσα, ἄῡσα	. .	Imp. αὖον
αὔω, ἐναύω	kindle	. .	. .	. .	εὔανσα	. .	Imp. ἔναυον
ἀφάω	handle	ἀφήσω	. .	. .	ἤφησα	. .	Imp. ἀφήην, ἀφίην, 3 pl. Imp. ἠφίεσαν and ἠφίουν, F. pass. ἀφεθήσομαι
ἀφίημι ἀφίεμαι, M.	let go	ἀφήσω	ἀφεῖκα	ἀφεῖμαι	ἀφῆκα, ἀφέηκα, Ep. ἀφείθην, -έθην	ἀφῆν, ἀφείμην	
ἀφικνέομαι	come	ἀφίξομαι	. .	ἀφῖγμαι	. .	ἀφικόμην	Ion. ἀπικνέομαι
ἄχθομαι	am vexed	ἀχθέσομαι	. .	ἤχθημαι, L. ἠχθέσθην	. .	. .	Fut. pass. ἀχθεσθήσομαι, sometimes ἀχθήσομαι
(ἀω)	satiate	ἄσω	. .	. .	ἄσα, ἀσάμην	. .	
βαδίζω	go	βαδιοῦμαι	βεβάδικα	βεβάδισμαι	ἐβάδισα	. .	Fut. βαδίσω, L. and βαδίσομαι
βαίνω	go	βήσομαι βάσεῦμαι, Dor.	βέβηκα -ακα, Dor.	βεβᾶμαι in compounds	ἔβησα -ασα, Dor. ἐβάθην	ἔβην, like ἔστην ης, η, &c. ἔβαν, Dor.	2 aor. imper. βῆθι (βᾶθι, Dor.). subj. βῶ, opt. βαίην, inf. βῆναι, part. βάς, inf. 2 p. βεβάμην, 1 aor. mid. ἐβήσατο or ἐβήσετο, 3 pl. 2 aor. sync. βάν for ἔβησαν	βέβαα βεβώς, pt. βεβαώς

7

βάλλω—γεγωνέω.

VERBS.	English.	Future.	Perfect.	Perf. pass.	1st Aorists.	2nd Aorists.	2nd Perfect.	Remarks, &c.
Βάλλω -έω	throw Ion. & Ep.	βαλῶ -λλήσω	βέβληκα	βέβλημαι -όλημαι, Ep.	ἐβάλλησα, ἐβλήθην	ἔβαλον ἔβλην, Ep.	.	F. pass. βληθήσομαι, p.-p. f. βεβλήσομαι, aor. sync. mid. ἔβλητο, inf. βλῆσθαι, opt. βλείμην, 3 per. pl. perf. p. βεβλήαται
Βάπτω Βαρέω	dip load	βάψω βαρήσω	. βεβαρηώς, Part.	βέβαμμαι βεβαρημένος, Part.	ἔβαψα, ἐβάφθην ἐβαρήθην	ἐβάφην	.	.
βαρύνω	load	.	.	βεβαρυμμένος, Part.	ἐβάρυνα, ἐβαρύνθην	.	.	F. pass. βαρυνθήσομαι
βαστάζω	carry	βαστάσω	.	βεβάστακται, L.	ἐβάστασα, ἐβαστάχθην	.	.	.
Βιβάζομαι Βιάομαι Βιβρώσκω eat	force force	βιάσομαι βιήσομαι βρώξω, L. βρώσομαι	. βεβήγκε βέβρωκα	βεβίασμαι βεβίημαι βέβρωμαι	ἐβιασάμην, ἐβιάσθην ἐβιησάμην, ἐβιήθην ἔβρωξα, ἐβρώθην (σ) L.	. ἔβρων, Ep.	.	Perf. only in use in Act. F. pass. βρωθήσομαι, L. Part. per. sync. βέβρως, p.-p. f. βεβρώσομαι, 2 P. opt. βε-βρώθοις, Hom.
Βιόω	live	βιώσομαι -σω, L.	βεβίωκα	βεβίωμαι usually impers.	ἐβίωσα	ἐβίων	.	Opt. βιῴην, subj. βιῶ, οἷς, ῷ, part. βιούς, &c. For pres. and imp. ζάω is used by pure writers
Βλάπτω Βλαστάνω sprout -τέω	hurt	βλάψω βλαστήσω	βέβλαφα βεβλάστηκα	βέβλαμμαι .	ἔβλαψα, ἐβλάφθην ἐβλάστησα	ἐβλάβην ἔβλαστον	.	P.-p. fut. βεβλάψομαι Perf. also ἐβλάστηκα
Βλέπω Βλώσκω go	see	βλέψω βλώξω, L. μολοῦμαι	βέβλεφα μέμβλωκα	βέβλεμμαι .	ἔβλεψα, ἐβλέφθην ἔβλωξα, ἐμόλησα	ἔμολον	.	.
Βοάω	call loud	βοήσω, L. βοάσω, Dor. βώσομαι, Cont	.	βεβόημαι	ἐβόησα, ἐβοήθην (a) Dor.	.	.	Perf. contr. βέβωμαι, 1 aor. ἔβωσα, ἐβώσθην. Fut Att. βοήσομαι

βόσκω feed	βοσκήσω βοσκησοῦμαι, Dor.	. . .	. . .	ἐβόσκησα, L. ἐβοσκήθην	. . .	. . .
βούλομαι wish	βουλήσομαι	. . .	βεβούλημαι	ἐβουλήθην ——, Att. ἠ-	Ep. in Comp. προβέ-βουλα	Imp. ἐβουλόμην and ἠβουλ-. N.B. The double augment.
βράζω -σσω -ττω boil	βράσω	. . .	βέβρασμαι	ἔβρασα	. . .	. . .
βρέχω wet	βρέξω	. . .	βέβρεγμαι	ἔβρεξα, ἐβρέχθην	ἐβράχην	. . .
βρίθω am heavy	βρίσω	βέβροχα? βέβριθα	βέβρῑσα	ἔβρισα	. . .	. . .
βρόχω swallow	βρόξω	. . .	. . .	ἔβροξα	ἀναβροχέν, Part. ἀναβέβρο-χεν	Generally found in Comp. ἀνα-, &c. 1 Aor. part. βρυχθείς
βρύχω -κω grind the teeth	βρύξω	. . .	. . .	ἔβρυξα	. . .	. . .
βρυχάομαι roar	βρυχήσομαι	. . .	. . .	ἐβρυχησάμην ἐβρυχήθην	βέβρῡχα	. . .
βυνέω βυέω stop up	βύσω	. . .	βέβυσμαι	ἔβυσα, ἐβύσθην	. . .	. . .
γαμέω marry, i. e. take a wife	γαμῶ γαμήσω, L. γαμέω, Ep.	γεγάμηκα	γεγάμημαι	ἔγημα, ἐγάμησα, L. ἐγαμήθην	. . .	Inf. 1 Aor. γῆμαι. Mid. γαμέ-ομαι, to take a husband. Fut. γαμοῦμαι, γαμέσομαι, 1 aor. part. p. γαμεθείς
γάνυμαι rejoice	γανύσσομαι, Ep.	. . .	γεγάνυμαι	. . .	. . .	. . .
(γάω) γεγωνέω -νω -ίσκω become shout	γεγωνήσω	γέγακα, Dor.	. . .	ἐγεγώνησα	γέγαα γέγωνα	Part. γεγαώς, γεγώς

10   γείνομαι—δέρκομαι.

VERBS.	English.	Future.	Perfect.	Perf. pass.	1st Aorist.	2nd Aorist.	2nd Perfect.	Remarks, &c.
γείνομαι	am born	see γίνομαι	. .	. .	ἐγεινάμην	. .	. .	Inf. γείνασθαι
γελάω -όω, Ep.	laugh	γελάσομαι γελάσω, L. γελάξω, D.	. .	γεγέλασται	ἐγέλασα, -ξα, Dor. ἐγελάσθην	. .	. .	F. pass. γελασθήσομαι. Regular part. γελῶν, sometimes resolved into -οων
γεύω	taste	γεύσω	. .	γέγευμαι	ἔγευσα	. .	. .	
γηθέω	rejoice	γηθήσω	. .	. .	ἐγήθησα	. .	γέγηθα	Dor. form α for η, as γαθέω for γηθέω
γηράω γηράσκω	grow old	γηράσω γηράσομαι	γεγήρακα	. .	ἐγήρασα, ἐγήρανα	ἐγήραν	. .	Att. inf. Aor. γηρᾶναι, γηρᾶναι, Aor. part. γηράς, Ep.
γηρύω γίγνομαι γίνομαι	speak out be, become	γηρύσω γενήσομαι -οῦμαι, Dor.	. .	γεγένημαι	ἐγήρυσα, ἐγήρῡθην ἐγενήθην	ἐγενόμην	γέγονα Poet. γέγᾱα, γέγαακα, Dor.	F. pass. γενηθήσομαι. Part. Ep. γεγαώς, Att. γεγώς
γιγνώσκω γινώσκω	know	γνώσομαι	ἔγνωκα	ἔγνωσμαι	ἀνέγνωσα, in Comp. ἐγνώσθην	ἔγνων γνῶ	. .	F. pass. γνωσθήσομαι. Imper. γνῶθι, ἔγνων 3 p. aor. 2 for ἔγνωσαν
γλύφω γοάω	engrave bewail	γλύψω γοήσομαι	. .	γέγλυμμαι	ἔγλυψα ἐγόησα, L. γοηθείς	ἐγλύφην Ep. γόον	. .	Imp. freq. γοάασκε, Ep. γοήμεναι, Ep.
γράφω	write	γράψω	γέγραφα γεγράφηκα, L.	γέγραμμαι	ἔγραψα, ἐγράφθην	ἐγράφην	. .	F. pass. γραφήσομαι. P.-p. fut. γεγράψομαι
δαίζω	rend	δαΐξω	. .	δεδάϊγμαι δέδαιγμαι	ἐδάϊξα, ἐδαΐχθην	. .	. .	Perf. part. p. also δεδαϊσμένος 1 aor. part. p. δαϊσθείς
δαίνυμι -νύω	entertain, feast	δαίσω	. .	. .	ἔδαισα	. .	. .	Imper. 2 Sing. δαίνυ, for -νθι

δαίομαι	divide	δάσομαι	. .	δέδασμαι δέδαιμαι δέδαυμαι δέδηγμαι	ἐδασάμην ἐδάσθην	. .	δέδαα	
δαίω	burn	. .	δέδηα δέδηχα		. .	ἐδάομην ἐδάκον	δέδηα	F. pass. δηχθήσομαι
δάκνω	bite	δήξομαι			ἐδήχθην	ἐδᾶκον		
δακρύω	weep	δακρύσω	δεδάκρυκα, L. δέδυμηκα?	δεδάκρυμαι δέδμημαι	ἐδάκρυσα ἐδάμασα, ἐδαμάσθην ἐδμήθην, L.	ἐδάμην	. .	2 Aor. pass. 3 pl. δάμεν for ἐδάμησαν, Ep.
δαμάζω	subdue, tame	δαμάσω(σσ)						
δαρθάνω	sleep	. .	δεδάρθηκα	. .	ἐδάρθην, L.	ἔδαρθον Poet. ἔδραθον		
δάω	teach	δαήσομαι	δέδαηκα	δεδάηημαι	. .	ἔδαον, δέδαον, ἐδάην	δέδαα	Irr. inf. pres. δεδάασθαι
δεδίσκομαι frighten -σσομαι -ττομαι		δεδίξομαι			ἐδεδιξάμην			
δεῖ	it is necessary	see δέω	.					
δειδίσσο- μαι δείδω	frighten fear	δειδίξομαι δείσομαι	. . δέδοικα δέδοικα, Ep. δέδιχα	. . . .	δειδιξάμην ἔδεισα (δδ) Ep.-	. . . .	δέδια, δεί- δια, Ep. . .	Imp. δέδιθι. δ doubled in augmented tenses by Epics. F. pass. δειχθήσομαι. Ionic
δείκνυμι -ύω	show	δείξω		δέδειγμαι δέδειγμαι, Ep.	ἔδειξα, ἐδείχθην			forms, ε instead of ει, as fut. δέξω, P.-p. δέδεγμαι, &c.
δειπνέω	sup	δειπνήσω	δεδείπνηκα δέδειπνα, Att.	. .	ἐδείπνησα			Inf. perf. δεδειπνάναι
δέμω	build	. .	δέδμηκα?	δέδμημαι (ᾱ) Dor.	ἔδειμα		δέδομα	Pr. only in part. δέμων and Imp. δέμον
δέομαι	ask	δεήσομαι, and δεοῦμαι						
δέρκομαι	see	δέρξομαι, L.	δέδορκα	. .	ἐδερξάμην, L. ἐδέρχθην	ἐδρακον ἐδράκην		

12

$\delta\epsilon\rho\omega-\epsilon\alpha\omega.$

VERBS.	English.	Future.	Perfect.	Perf. pass.	1st Aorists.
δέρω	flay, beat	δερῶ	δέδαρκα	δέδαρμαι	ἔδειρα, ἐδάρθην
δέχομαι	receive	δέξομαι	. . .	δέδεγμαι	ἐδεξάμην
					ἐδέχθην
δέω	bind	δήσω	δέδεκα	δέδεμαι	ἔδησα, ἐδέθην
			δέδηκα	δέδεσμαι	
δέω want, fail		δεήσω	δεδέηκα	δεδέημαι	ἐδέησα, ἐδεήθην
δείω, Ep.		δευήσομαι	. . .	. . .	ἐδεύησα
δηλέομαι	injure	δηλήσομαι	. . .	δεδήλημαι	ἐδηλησάμην
δηλόω	show, manifest	δηλώσω	δεδήλωκα	. . .	ἐδήλωσα
διαιτάω	live, arbitrate	διαιτήσω	δεδιῄτηκα	δεδιῄτημαι	δυῄτησα, ἐδιαίτησα
					ἐδιῄτησα, διῃτήθην
					(αἱ, Dor.) (αι, Ion.)
διακονέω	minister	διακονήσω	δεδιηκόνηκα	δεδιακόνη-	ἐδιηκόνησα & ἐδιακό-
				μαι	νησα, ἐδιακονήθην
διαλέγομαι	discuss	διαλέξομαι	διείλεγμαι	. . .	διελεξάμην, διελέχθην
διδάσκω	teach	διδάξω	δεδίδαχα	δεδίδαγμαι	ἐδίδαξα, ἐδιδάχθην

δίζημαι seek	διζήσομαι			ἐδιζησάμην, L.		Inf. δίζησθαι
διψάω thirst -έω, Ion.	διψήσω	δεδίψηκα		ἐδίψησα		This verb contracts by η instead of α, as inf. διψῆν for διψᾶν
δύω, δείδω fear						Imp. ἔδιον
διώκω pursue	διώξω and διώξομαι			ἐδίωξα, ἐδιώχθην		Aor. ἐδιώκαθον, from διωκάθω not found
δοκέω seem, appear	δόξω δοκήσω, Poet. (ᾱ) Dor.	δεδόκηκε	δέδογμαι δεδόκημαι	ἔδοξα, ἐδόχθην ἐδόκησα, ἐδοκήθην		Impersonal δοκεῖ, it seems, &c.
δουπέω sound heavily (see τρέχω)	δουπήσω			ἐδούπησα and ἐγδούπησα	δέδουπα	Imp. δούπεον
δράμω						
δράσσω seize			δέδραγμαι	ἐδραξάμην		
δράττω do	δράσω	δέδρᾱκα	δέδρᾱμαι δέδρασμαι	ἔδρᾱσα, ἐδράσθην -ησα, Ep.		
δρέπω pluck	δρέψω -εῖμαι, Dor.			ἔδρεψα	ἔδραπον	
δύναμαι can, am able	δυνήσομαι		δεδύνημαι	ἐδυνησάμην ἐδυνήθην ἠδυνάσθην ἔδυνα, L.		Imp. ἠδυνάμην and ἐδυνάμην, pres. and imp. formed like ἵσταμαι. 2 sing. pres. δύνῃ, for δύνῃσαι, Dor. ᾳ̃
δύνω δύω enter cause to enter	δύσομαι δύσω	δέδυκα δέδυκα	δέδυμαι	ἔδυσα, ἐδύθην	ἔδυν ἔδυν, ἔδυην, r.	
δωρέομαι give, present, permit -έω	δωρήσω, -ομαι	δεδώρηκα	δεδώρημαι	ἐδώρησα, ἐδωρήθην		F. pass. δυθήσομαι
ἐάω εἰάω, Ep.	ἐάσω	εἴακα	εἴαμαι	ἔασα, εἴασα, εἰάθην		Imp. εἴων. ε in aug. tenses changed to ει. Pres. sing. ἔαρς, Ep. ἐᾷ

14   ἐγγυάω—εἴργω.

VERBS.	English.	Future.	Perfect.	Perf. pass.	1st Aorists.	2nd Aorists.	2nd Perfect.	Remarks, &c.
ἐγγυάω	betroth, proffer	ἐγγυήσω	ἠγγύηκα ἐγγεγύηκα	ἠγγύημαι ἐγγεγύημαι	ἠγγύησα, ἠγγυήθην	.	.	Imp. ἠγγύων, -αον
ἐγείρω	raise	ἐγερῶ	ἐγήγερκα	ἐγήγερμαι	ἤγειρα, ἠγέρθην	ἠγρόμην, ἠγ-	ἐγήγορα ἐγήγορ- θα, Ep.	F. pass. ἐγερθήσομαι
ἐγκωμιάζω	praise	ἐγκωμιάσω ἐγκωμιάσομαι	ἐγκεκωμίακα	ἐγκεκωμί- ασμαι	(ἐ) ἐνεκωμίασα	.	.	
ἔδω	(scut, see ἔζω)							
ἔδω	eat	ἔδομαι ἐδοῦμαι, L. ἐδέ- σω, r.	ἐδήδοκα	ἐδήδεσμαι	ἠδέσθην	Comp. ἐσθίω and φαγεῖν	ἔδηδα	Imp. freq. ἔδεσκον. Cf. ἐσθίω
ἔζομαι (see καθέζομαι)								
ἔζω	seat, place	ἔσω	.	.	εἷσα	.	.	Not found in pres. and imp. The deficiencies supplied by καθέζομαι
ἐθέλω	wish	ἐθελήσω	ἠθέληκα	.	ἠθέλησα, ἐθ-, Poet.	.	.	Part. ἐθων. Tenses formed from pass. of ἐθίζω
ἐθίζω	accustom	ἐθίσω, -ιῶ	εἴθικα	εἴθισμαι	εἴθισα, ἐθίσθην	.	.	
ἔθω	be accustomed to	.	εἴωθα, Ion. -εα	.	.	.	.	
εἴδω (1) obsolete in pres.	see, know	εἰδήσω, εἴσομαι ἰδησῶ, Dor.	εἰδηκα	.	εἶδησα	εἶδον ἴδον, Ep. εἰδόμην	οἶδα as Pres.	Infin. εἰδέναι. Ep. ἴδμεναι. Imp. ἴσθι. Part. εἰδώς. Pl. perf. ᾔδειν. Ep. ᾔδεα. Att. ᾔδη. Pl. perf. ᾔδειν Ep.
εἴδομαι εἰκάζω	appear, seem conjecture	εἴσομαι εἰκάσω	. εἴκακα	εἴκασμαι	εἰκάμην εἴκασα, εἰκάσθην	.	.	F. pass. εἰκασθήσομαι. Imp. ᾔκαζον, εἴκαζον
εἴκω	am like, appear	εἴξω (rare)	.	ᾗκ—— εἴγμαι	ᾖκ——	.	ἔοικα οἶκα, Ion.	Pl. per. ἐῴκειν. Pres. not in use. Perf part. εἰκώς Att. 3 p. perf. pl. εἴξασι, 1 p. perf. pl. ἔοιγμεν, Plup. p. ᾔγμην, 3 sing. ᾔκτο, ἔικτο

		Indic.		Imper.	Subj.	Opt.	Inf.	Part.	
εἴκω	yield	εἴξω		. . . .	. εἶξα	. . . .	. . . .	εὔκαθον	1 Aor. freq. εἴξασκε
εἰλέω	roll	εἰλήσω, L.		. . . .	εἴλη θην	. . . .	. . . .	. . . .	
εἰλοῦμαι			εἴλημαι	. . . .	. . . .	. . . .	. . . .	. . . .	
εἰλίσσω	roll	εἰλίξω	εἴλιγμαι	. . . .	εἴλιξα, εἰλίχθην	. . . .	. . . .	. . . .	εἰλίσσω, Poet. for ἑλίσσω
-ττω									
εἰλύω	envelope	εἰλύσω	εἴλῡμαι	. . . .	εἴλῡσα, εἰλύσθην	. . . .	. . . .	. . . .	1 aor. mid. ἠλυσάμην, 2 aor. mid. ἠλυόμην, 3 plup. sing. ἔλυτο
εἴλω	press together	ἔλσω, Æol.	ἔελμαι	. . . .	ἔλσα	. . . .	. . . .	. . . .	
εἵμαρται (see μείρομαι)									For regular inflection and varieties of dialect, see App.
εἰμί	am	ἔσομαι		. . . .	. . . .	. . . .	. . . .	. . . .	
εἶμι	go	. . . .	. . . .	. . . .	. . . .	. . . .	. . . .	. . . .	Imp. ἴθι, εἰ in comp. see App.
εἰπεῖν (2) (ἔπω)	say	. . . .	. . . .	. . . .	εἶπα	. . . .	εἶπον ἔειπον, Ep.	. . . .	Imp. 1 aor. εἰπόν or εἶπον. The present is supplied by φημί, λέγω, the other tenses by εἴρω. Æol. inf. εἴπην. 2 aor. freq. εἴπεσκον
εἴργω	shut out	εἴρξω	εἴργμαι	. . . .	εἶρξα, εἴρχθην	. . . .	. . . .	εἰργαθον	

	Indic.	Imper.	Subj.	Opt.	Inf.	Part.
NOTE 1.	οἶδα	ἴσθι	εἰδῶ	εἰδείην	εἰδέναι	εἰδώς, υἶα, ός

Pres. S. οἶδα, know. Imp. S. ᾔδειν Att. ᾔδη
οἶσθα ᾔδεις ᾔδεισθα; Att. ᾔδης; ᾔδησθα
οἶδε(ν) ᾔδει; Att. ᾔδειν ᾔδη

D.   D.
ἴστον ᾔδειτον or ᾔστον
ἴστον ᾔδείτην or ᾔστην

P. ἴσμεν P. ᾔδεμεν or ᾔσμεν
ἴστε ᾔδετε or ᾔστε
ἴσασι(ν) ᾔδεσαν or ᾔσαν

The meaning "to see" is only retained by Aor. 2.

NOTE 2. An Aorist.

16 εἴργω—ἐπαυρέω.

VERBS.	English.	Future.	Perfect.	Perf. pass.	1st Aorists.	2nd Aorists.	2nd Perfect.	Remarks, &c.
εἴργω	shut in	εἴρξω	.	εἴργμαι	εἶρξα, εἴρχθην	.	.	The breathing determines the signif
εἴργνυμι								
εἴρομαι	ask	εἰρήσομαι	.	εἴρυμαι	εἰρύσα, εἰρύσθην	.	.	See ἔρομαι
εἴρυω	draw	εἰρύσω (σσ)	.	εἴρυσμαι		.	.	See ἐρύω
				εἴρημαι				
εἴρω	say	ἐρῶ, ἐρέω, Ep. ἐρούμαι	εἴρηκα		εἰρέθην, ἐρρήθην	.	.	P.-p. fut. εἰρήσομαι. F. pass. ῥηθήσομαι
					η (έ, r.)			
εἴρω	join, knit	ἔρσω	ἔακα, in comp.	ἕρμαι	εἶρα, ἔρσα	.	.	
				ἕερμαι, Ep.				
				ἕρμαι, Ion.				
εἴωθα	(see ἔθω)		.	.	ἐξεκλησίαστα	.	.	
ἐκκλη- σιάζω	call an as- sembly	ἐκκλησιάσω	.	.	ἐξεκκλησίωσα ?	.	.	
ἐλαύνω	drive	ἐλάσω, ἐλῶ (σσ) Ep.	ἐλήλακα	ἐλήλαμαι ἐλήλασμαι	ἤλᾰσα, ἠλάθην ἐ——, ἠλάσθην, L. (σσ)	.	.	Imp. ἤλαυνον, plup. p. ἐληλά- μην and ἠηλάμην, 3 s. ἐληλάδατο Inf. ἐλάαν, -άαν, Ep.
ἐλάω, simple of ἐλαύνω		ἐλῶ, ἐλάσω	.	.	.	.	.	
ἐλέγχω	confute	ἐλέγξω	ἐλήλεγχα	ἐλήλεγμαι ἤλεγμαι, r.	ἤλεγξα, ἠλέγχθην	.	.	F. pass. ἐλεγχθήσομαι
ἑλελίζω	turn, whirl	ἑλελίξω	.	.	ἐλέλιξα, ἐλελίχθην	ἐλέλικτο, Ep. syncopated	.	
ἐλινύω	am quiet	ἐλινύσω	.	ἐλίνυμαι	ἐλίνυσα	.	.	Imp. ἐλίνυον
ἑλίσσω	roll	ἑλίξω	.	ἐλήλιγμαι, L.	εἵλιξα, εἱλίχθην	.	.	
-ττω								

ἑλκόω ulcerate	ἑλκώσω	...	ἥλκωμαι εἵ—	ἥλκωσα, ἡλκώθην εἱ—	F. pass. ἑλκυσθήσομαι
ἕλκω, -ύω draw -έω, Ep.	ἕλξω, ἑλκύσω, ἑλκύσω, Ep.	εἵλκυκα	εἵλκυσμαι	εἵλκυσα, εἱλκύσθην εἵλξα, L. εἱλκύσθην ἤλκησα, Ep.	
ἔλπω give hope	...	...	...	...	εολπα 2 pl.-perf. ἐώλπειν
ἐμέω vomit	ἐμέσω, Ion. ἐμῶ, r. ἐμοῦμαι	ἐμήμεκα, L.	ἐμήμεσμαι, L.	ἤμεσα ἐμέσσα, Ep.	
ἐμπολάω sell, traffic	ἐμπολήσω	ἠμπόληκα	ἠμπόλημαι ἐμ—, Ion.	ἠμπόλησα, ἠμπολήθη	
ἐναίρω kill				ἔνηρα, L. ἐνηράμην	
ἐναντιόο- am opposed μαι to	ἐναντιώσομαι		ἠναντίωμαι	ἠναντιώθην	F. pass. ἐναντιωθήσομαι
ἐναρίζω slay, spoil	ἐναρίξω		ἠνάρισμαι	ἐνάριξα, ἠναρίσθην ἤναρισα	
ἐνέπω say, tell	ἐνίψω ἐνισπήσω				ἔνισπον Pres. also ἐννέπω
ἐνήνοθα rest, lie on A 2 perfect occurring only in Comp.					
ἐνθυμέο- reflect μαι upon	ἐνθυμήσομαι		ἐντεθύμη- μαι	ἐνεθυμήθην	F. pass. ἐνθυμηθήσομαι, L.
ἐνύμι put on -ύω	ἕσσω, ἕσω		εἷμαι, ἕσμαι	ἕσα, ἕσσα	Ion. εἵνυμι, Poet. εἵνυω
ἐνοχλέω harass	ἐνοχλήσω	ἠνώχληκα	ἠνώχλημαι	ἠνώχλησα, ἠνωχλήθην	Imp. ἠνώχλουν
ἔντυω prepare	ἐντύνω			ἔντυνα	
ἐξετάζω inquire	ἐξετάσω, -ξω, ἐξετῶ, Dor. ἐξετῶ, Poet.	ἐξήτακα	ἐξήτασμαι	ἐξήτασα, ἐξητάσθην -ξα, Dor.	
ἐπαυρέω enjoy ἐπαυρί- σκομαι	ἐπαυρήσομαι			ἐπηυράμην	ἐπηῦρον ἐπαῦρον, Dor. ἐπηυρόμην

ἐπείγω—εὔω.

Perfect.	Perf. pass.	1st Aorists.	2nd Aorists.	2nd Perfect.	Remarks, &c.
. . .	ἤπειγμαι, L.	ἤπειξα, ἠπείχθην	. . .	. . .	Imp. ἔπειγον, Ep.
. . .	ἐπιμεμέλημαι	ἐπεμελήθην	. . .	. . .	F. pass. ἐπιμεληθήσομαι
ἐπιώρκηκα	. . .	ἐπιώρκησα	. . .	. . .	
. . .	. . .	ἠπιστήθην, -άσθην	. . .	. . .	2 p. pres. s. ἐπίστᾳ and ἐπίστῃ like ἵσταμαι in pres. and imp. Imp. ἠπιστάμην
. . .	. . .	. . .	ἕσπον, ἑσπόμην	. . .	Imp. εἷπον. Ep. ἕπον, ἕπεσκον freq.
. . .	. . .	. . .	ἑσπόμην	. . .	Inf. σπέσθαι
. . .	ἤρασμαι, L.	ἠρασάμην, ἠράσθην	. . .	. . .	F. pass. ἐρασθήσομαι
. . .	ἤρασα	. . .	. . .	. . .	Only used in Comp.
. . .	εἴργασμαι ἔργασμαι, Ion.	εἰργασάμην, εἰργάσθην	. . .	. . .	F. pass. ἐργασθήσομαι
. . .	ἔργμαι	ἔρξα, ἔρχθην	. . .	ἔοργα	ἔργω, shut out
. . .	. . .	ἔρξα, ἕρξα, Poet.	. . .	. . .	Pl.-perf. alone augmented ἐώργειν
ἤρεκα	ἐρήρεισμαι	ἤρεισα, ἠρείσθην (ἐ-)	. . .	. . .	3 pl.-perf. pass. ἐρηρέδαται, 3 s. plup. p. ἠρήρειστο
. . .	ἐρήργμαι	ἤρειξα	ἤριχον	. . .	P. pass. also ἐρήρισμαι
. . .	ἤρειμμαι, L. ἐρήριμμαι	ἤρειψα, ἠρείφθην	ἤριπον	ἐρήριπα	

ἔρομαι	ask	ἐρήσομαι	.	.	.	See ἐροτάω
ἕρπω	creep	εἷρπυον, εἷρπύω Dor.	.	.	.	Imp. εἷρπον
ἔρρω	go astray	ἐρρήσω	ἤρρηκα	.	.	
ἐρύκω	hold back	ἐρύξω	.	.	ἤρυ κάκον (ἐ-)	ἐρύκάνω and ἐρύκανω are Epic forms
ἐρύω	draw	ἐρύσω (σσ) Ep.	ἔρύμαι	εἴρυσα, L. ἤρρυσα, ἔρυσα πρύξα, ἔρυξα, Ep.	.	Poet. and Ion. εἴρύω. Ion. ἐρύω
ἔρχομαι	go, come	ἐλεύσομαι	.	ἐληλύθα εἰλήλουθα ἐ——, Ep.	ἔρυσα (σσ)	ἤλυθον, sync. ἦλθον	2 a. imp. ἐλθέ. 2 a. Dor. ἦνθον. Attics prefer for imp. and fut. the tenses of εἶμι
ἐρωτάω	ask	ἐρωτήσω	ἠρώτηκα	.	.	
ἐσθίω	eat	ἔδομαι, -οῦμαι	ἐδήδοκα	ἐδήδεσμαι	ἐδεσάμην, ᾐδέσθην	ἔφαγον	ἐδηδα	P. pass. Ep. ἐδήδομαι
ἑστιάω	entertain	ἑστιάσω	εἱστίακα	εἱστιάμαι (η) Ion.	εἱστίασα, εἱστιάθην	.	.	Ion. form ἱστιάω
εὕδω	sleep	εὑδήσω	.	.	.	.	.	Imp. εὗδον, ηὗδον. See καθεύδω
εὐεργετέω	do good	εὐεργετήσω	εὐεργέτηκα	εὐηργέτημαι	εὐηργέτησα	.	.	
εὐλογέω	bless	εὐλογήσω	εὐλόγηκα	.	εὐλόγησα	.	.	
εὐνάω	put to bed	εὐνήσω	.	εὔνημαι	εὔνησα, εὐνήθην	.	.	
εὑρίσκω	find	εὑρήσω -ησῶ, Dor.	εὕρηκα (ηὕ)	εὕρημαι	εὗρον, L εὑρέθην(ηὑ)	εὗρον, εὑρόμην	.	F. pass. εὑρηθήσομαι. Aor. sometimes ηὗρον, εὑράμην, L. Aor.
εὐτυχέω	am fortunate	εὐτυχήσω	εὐτύχηκα	εὐτύχημαι	εὐτύχησα, εὐτυχίθην	.	.	1 a. also ηὐτύχησα
εὐφραίνω	cheer	εὐφρανῶ -έω, Ep.	.	.	ηὔφρανα εὔφρηνα, Ion. εὐφράνθην	.	.	F. pass. εὐφρανθήσομαι
εὔχομαι	pray	εὔξομαι	.	.	ηὐξάμην (εὐξ-)	.	.	P.-pf. ηὔγμην. Varies in past tenses between ευ and ηυ
εὕω	roast	εὕσω, εὑω, Ion.	.	εὗμαι	εὗσα	.	.	

19

ἐχθαίρω—θίγω.

VERBS.	English.	Future.	Perfect.	Perf. pass.	1st Aorist.	2nd Aorist.	2nd Perfect.	Remarks, &c.
ἐχθαίρω	hate	ἐχθαρῶ	ἔσχηκα	ἔσχημαι	ἤχθηρα, (ἆρα) Dor.			Epic perf. ὄκωχα. Imp. εἶχον,
ἔχω	have	ἕξω, σχήσω			ἔσχηκα, L. ἐσχέθην	ἔσχον, ἐσχόμην		ἔσχον. ἔχον, Ep. ἦχον, Dor. Imper. σχές
ἕψω, -έω	boil, cook	ἑψήσω	ἕψηκα, L.	ἥψημαι	ἥψησα, ἕψ-, ἡψήθην			1 a. also ἥφθην, L.
ἕω	send (see ἵημι)							
ἕω	seat	εἴσομαι ἐσ-, ἐσσ-	ἧμαι, as pres.		εἶσα, ἔσσα			Pl.-perf. as imp. ἥμην
ζάω	live	ζήσω, ζήσομαι	ἔζηκα		ἔζησα			Imp. ἔζων and ἔζην. Imper. ζῆ or ζῆθ. Inf. ζῆν. Contracts with η
ζεύγνυμι -ύω	join	ζεύξω		ἔζευγμαι	ἔζευξα, ἐζεύχθην	ἐζύγην		ἐξεύγνυον
ζέω	boil	ζέσω		ἔζεσμαι	ἔζεσα, ἐζέσθην, L. (σσ)			
ζημιόω	injure	ζημιώσω	ἐζημίωκα	ζεζημίωμαι	ἐζημίωσα, ἐζημιώθην			P. pass. ζημιωθήσομαι
ζώννυμι -ύω	girl	ζώσω	ἔζωκα	ἔζωσμαι, rare	ἔζωσα, ἐζώσθην			
ζώω (Ep. & Ion.) live (see ζάω)		ζώσω, L.	ἔζωκα		ἔζωσα			Imp. ἔζωον
ἡβάω	beat the age of puberty	ἡβήσω	ἥβηκα		ἥβησα			
ἡβάσκω		ἡβάσω, Dor.						
ἡγέομαι	lead, think	ἡγήσομαι		ἥγημαι	ἡγησάμην, ἡγήθην, L.			Imp. ἡγούμην. Dor. ἁγ-
ἡδύνω	make sweet			ἥδυσμαι	ἥδυνα, ἡδύνθην			
ἥδω, L.	please	ἥσω			ἧσα, προάμην, ἥσθην			F. pass. ἡσθήσομαι. Imper. ἥδε. Perf. part. ἄσμενος
ἥδομαι								

ἥκω come	ἥξω	ἧκα, L.	. . .	. . .	. . .	Imp. ἧκον
ἧμαι sit (see App.)	. . .	. . .	. . .	. . .	. . .	Imper. ἧσο, ἧστο. Inf. ἧσθαι
ἡμί say	. . .	. . .	. . .	. . .	. . .	ἡμί = φημί, q. v. Imp. ἦν.
ἡμύω bow, sink	. . .	ἥμῡκα, in Comp.	. . .	ἥμῡσα	. . .	
ἡσσάω, ἡττάω to conquer	ἡττήσομαι	ἥττηκα	ἥσσημαι (ττ)	ἥττησα, L. ἡσσήθην	. . .	F. pass. ἡττηθήσομαι
ἑσσέομαι, Ion. ἑσσοῦμαι	ἑσσώσομαι	. . .	ἕσσωμαι	. . .	ἑσσώθην	
ἡσυχάζω be at rest	ἡσυχάσω	. . .	. . .	ἡσύχασα	. . .	
θάλλω bloom	θαλλήσομαι θαλῶ	. . .	. . .	ἔθαλησα	ἔθαλον	τέθηλα (ᾱ) Dor. Dor. form θαλέω
θηλέω, Ep.	θηλήσω θᾱ́σομαι	. . .	τεθήλημαι	ἐθήλησα ἐθᾱσάμην	. . .	Ionic form θηέομαι
θάομαι, gaze at, ad. Dor. mire	θηήσομαι	. . .	. . .	. . .	. . .	
θάπτω bury	θάψω	τέτᾱφα	τέθαμμαι	ἔθαψα, ἐτάφθην	ἐτάφην	F. pass. ταφήσομαι P.-p. fut. τεθάψομαι. Ion Per. 3 pl. τεθάφαται, plup. 3 pl. ἐτέθαπτο
(θάπτω, τάφω) astonish θαυμάζω wonder, admire	θαυμάσομαι θαυμάσω, r. (σσ) Ep.	τέθαφα τεθαύμακα	τεθαύμασμαι	ἐθαύμασα, ἐθαυμάσθην	ἐτάφον	F. pass. θαυμασθήσομαι
θεάομαι behold	θεάσομαι (η) Ion.	. . .	τεθέαμαι	ἐθεᾱσάμην, ἐθεάθην (η) Ion.	. . .	
θείνω smite, beat	θενῶ	. . .	. . .	ἔθεινα	ἔθενον	
θέλω wish	θελήσω	τεθέληκα	. . .	ἐθέλησα	. . .	see ἐθέλω
θεραπεύω serve, court	θεραπεύσω	τεθεράπευκα	τεθεράπευμαι	ἐθεράπευσα ἐθεραπεύθην	. . .	
θέω run -είω, Poet.	θεύσομαι -οῦμαι, Dor.	. . .	. . .	. . .	. . .	Tenses wanting supplied by τρέχω. θεύσω fut. once only
θήγω whet	θήξω	. . .	τέθηγμαι	ἔθηξα	. . .	

22   θηράω—καθεύδω.

VERBS.	English.	Future.	Perfect.	Perf. pass.	1st Aorist.	2nd Aorist.	2nd Perfect.	Remarks, &c.
θηράω	hunt	θηράσομαι	τεθήρᾱκα	τεθήρᾱμαι	ἐθηρασάμην			
θιγγάνω	touch	θιγξω, θίξομαι θιγᾶσω			ἐθίχθην, L.	ἔθιγον		
θλάω	bruise	θλάσω		τέθλασμαι, -ασμαι, -αγμαι, Dor.	ἔθλᾰσα, ἐθλάσθην (σσ) Ep.			
θλίβω	press, squeeze	θλίψω	τέθλιφα	τέθλιμμαι	ἔθλιψα, ἐθλίφθην			
θνήσκω	die	θανοῦμαι τεθνήξω τεθνήξομαι	τέθνηκα (ᾱ) Dor.		ἔθνηξα, L.	ἔθανον θάνον, Ep.		Inf. p. τεθνᾰ́ναι. Æolic τεθνάκην. Ep. and Ion. fut. θανέομαι. Part. perf. τεθνεώς, τεθνηώς. Ep. -εώς, -ᾰώς Dor.
θουνάω	entertain	θουνήσω		τεθοίναμαι	ἐθοίνησα, ἐθοινήθην			
θραύω	bruise	θραύσω		τέθραυσμαι	ἔθραυσα, ἐθραύσθην			
θράσσω -ττω	disturb	θράξω	τέτρηχα	τέθραυμαι	ἔθραξα, ἐθράχθην			
θρύπτω	break	θρύψω		τέθρυμμαι	ἔθρυψα, ἐθρύφθην	ἐτρύφην ἔθορον	τέθορα	F. pass. θρυφθήσομαι
θρώσκω	leap	θοροῦμαι -έομαι, Ep.						
θύω	sacrifice	θύσω -σῶ, Dor.	τέθῠκα	τέθῠμαι	ἔθῠσα, ἐτύθην			F. pass. τυθήσομαι
θύω, θῡ́νω	rage	θῡ́σω			ἔθῡσα, ἔθῡνα			Imp. ἔθυον, ἔθῡνον
θωρήσσω	arm	θωρήξω	τεθώρηκα		ἐθώρηξα, ἐθωρήχθην			
ἰάομαι	heal, cure	ἰάσομαι (η) Ion.		ἴαμαι, L.	ἰᾱσάμην, ἰάθην (η) Ion.			F. pass. ἰαθήσομαι

ἰαχέω	shout	ἰαχήσω	ἴαχα, in Comp. of ἰάχω	. . .	ἰάχησα	. . .	Another form is ἰαχέω, also ἰάχω
ἱδρόω	sweat	ἱδρώσω	. . .	. . .	ἵδρωσα	. . .	Contracts in ω instead of ου
ἱδρύω	place, erect	ἱδρύσω	ἵδρυκα, r.	ἵδρυμαι	ἵδρυσα, ἱδρύθην ἱδρύνθην ?	. . .	
ἵζω ἵσδω, Dor.	seat, place	ἱζήσω	ἱζηκώς, Part.	. . .	ἵζησα	. . .	Imp. freq. ἵζεσκον. See καθίζω
ἵημι	send	ἥσω	εἷκα	εἷμαι	ἧκα, εἵθην, εἷσα, ἑθην ἥν, ἕμην, Ep. ἕηκα, Ion.	εἵμην	Imper. ἕς. Inf. εἷναι. See Appendix
ἱκνέομαι	come	ἵξομαι -οῦμαι, Dor.	. . .	ἷγμαι	. . .	ἱκόμην	
ἵκω, Ep.	come	ἵξω	. . .	. . .	ἷξα, L.	ἷξον	
ἱλάσκομαι propitiate -ομαι, Ep. -έομαι, Att.		ἱλάσομαι ·(σσ) Ep. -άξομαι, Dor.	. . .	. . .	ἱλασάμην, ἱλάσθην (σσ)	. . .	
ἱμείρω	desire	. . .	. . .	. . .	ἱμειράμην, ἱμέρθην	. . .	Aeol. pres. ἱμέρρω
ἵπταμαι	fly	πτήσομαι	. . .	. . .	. . .	ἔπτην Dor. ἐπτᾶν ἐπτάμην	Like ἵσταμαι in pres. and imp.
ἵστημι	make stand	στήσω, ἑστήξω ἑστήξομαι	στήηκα -ακα, L.	ἕσταμαι	ἔστησα, ἐστάθην	ἔστην	Imp. ἵστην. F. pass. σταθήσομαι. Perf. part. ἑστώς
ἰσχναίνω	make lean	ἰσχνανῶ	. . .	. . .	ἰσχνᾶνα, ἰσχνάνθην -ηνα, Ion.	. . .	
ἰσχύω	am strong	ἰσχύσω	ἴσχυκα	. . .	ἴσχυσα	. . .	
καθαίρω	purify	καθαρῶ	κεκάθαρκα	κεκάθαρμαι	ἐκάθηρα, ἐκαθάρθην -άρα	ἐκαθάρην	F. pass. καθεσθήσομαι
καθέζομαι sit down		καθεδοῦμαι -ήσομαι	. . .	. . .	καθευσάμην ἐκαθέσθην, L.	. . .	
καθεύδω	sleep	καθευδήσω	καθεύδηκα	. . .	καθεύδησα	. . .	Imp. ἐκάθευδον; καθηῦδον, Att. καθεῦδον, Ep.

24   κάθημαι—κλήζω.

VERBS.	English.	Future.	Perfect.	Perf. pass.	1st Aorists.	2nd Aorists.	2nd Perfect.	Remarks, &c.
κάθημαι καθίζω	(see ἧμαι) set, place	καθίσω καθιῶ, Att. καθιζήσομαι καθίξῶ, Dor.	κεκάθικα, L.	.	ἐκάθισα, κατίσα, Ion. καθίσα, Att.	.	.	Ion. form κατίζω
καίνω καίω, κᾶ́ω	kill burn	κανῶ καύσω	κέκαυκα, in Comp.	κέκαυμαι	ἔκανσα, ἐκαύθην, ἔκτα, Ep. ἔκεα, Att. ἐκτήμην, ἔκεια, ἐκείαμην	ἔκανον ἔκαην	κέκονα	Inf. 2 a. κανῆν, κανῶν Imp. ἔκαιον, ἐκάον. Ep. κεῖον. F. pass. καυθήσομαι. Inf. 1 a. κῆαι.
καλέω	call	καλέσω, -έω (σσ) Ep. καλῶ, Att.	κέκληκα	κέκλημαι	ἐκάλεσα, ἐκλήθην (σσ) Ep.	.	.	F. pass. κληθήσομαι. P.-p. fut. κεκλήσομαι. Imp. freq. καλέεσκον. 3 plup. p. pl. κεκλήατο. Perf. p. opt. κεκλήμην, κέκλῃο
καλύπτω	hide	καλύψω	.	κεκάλυμμαι	ἐκάλυψα, ἐκαλύφθην	.	.	F. pass καλυφθήσομαι. P.-p. fut. κεκαλύψομαι
κάμνω	grow weary	καμοῦμαι	κέκμηκα -ακα, Dor.	.	ἐκάμομην	ἔκαμον ἐκαμόμην	.	Perf. part. κεκμηώς, -ῶτος and -ότος
κάμπτω	bend	κάμψω	κέκαμφα	κέκαμμαι	ἔκαμψα, ἐκάμφθην	.	.	
καταφρονέω	despise	καταφρονήσω	καταπεφρόνηκα	.	κατεφρόνησα κατεφρονήθην	.	.	F. pass. καταφρονηθήσομαι
καίω κεδάω	(see καίω) scatter (see σκεδάννυμι)							
κεῖμαι κέομαι, Ion.	lie	κείσομαι -σεύμαι, -σω, Dor.	.	.	.	.	.	Imp. ἐκείμην. See Appendix.
κείρω	shear	κερῶ, -σω, Ep.	κέκαρκα	κέκαρμαι	ἔκειρα, ἐκέρθην ἔκερσα, Ep.	ἐκάρην	.	
κελεύω	order	κελεύσω	κεκέλευκα	κεκέλευσμαι κεκέλευμαι	ἐκέλευσα, ἐκελεύσθην	.	.	

κέλομαι	order	κελήσομαι	. .	. .	. .	ἐκελησάμην	κελόμην, red. and ἐκεκλόμην
κεραννυμι -ύω κεράω, Ep. κεραίνω	mix gain	κεράσω (σσ) Ep. κερῶ, Att. κεραvῶ -έω, Ion. κερδήσω and κερδησομαι	κέκρᾱκα κεκέρᾱκα, L. κεκέρηκα	κέκρᾱμαι κεκέρασμαι, L.	ἐκέρᾱσα, ἐκρᾱ́θην (σσ Ep.) ἐκεράσθην ἔκρησα, Ion. ἐκέρδᾱνα, -ηνα, Ion. -ησα	. .	Inf. 1 a. κερδᾶναι
κεύθω	hide	κεύσω	κέκευθα	κέκευθμαι	ἔκευσα	ἔκῡθον Ep. κύθον	2 aor. conj. κεκύθω
κήδω	vex, sorrow	κηδήσω (3)	. .	κεκήδυγμαι	ἐκήδηρα	κέκηδα	Fut. pass. κεκαδήσομαι
κηρύσσω -ττω	proclaim	κηρύξω	κεκήρυχα	κεκήρυγμαι	ἐκήρυξα, ἐχηρύχθην	. .	F. pass. κηρυχθήσομαι
κῑνέω	move	κινήσω	κεκίνηκα	. .	ἐκίνηθην	. .	F. pass. κινηθήσομαι
κίχᾱνω	find, obtain	κιχήσομαι	. .	. .	ἐκίχησα, L.	ἔκιχον, ἔκιχην	Another form κιγχάνω
κίχρημι	lend	χρήσω	κέχρηκα	κέχρημαι	ἔχρησα	. .	2 Perf. part. κεκληγώς and κεκλήγων. 3 Fut κεκλάγξομαι
κλάζω	sound, scream	κλάγξω	κέκλαγγα	. .	ἔκλαγξα ἔκλαξα, Dor.	ἔκλᾱγον	κέκληγα
κλαίω κλᾱ́ω, Att	weep	κλαύσομαι κλαιήσω κλαήσω	. .	κέκλαυμαι -σμαι, L.	ἔκλαυσα, ἐκλαύσθην	. .	P.-p. fut. κεκλαύσομαι This verb does not contract.
κλάω	break	κλάσω	. .	κέκλασμαι	ἔκλᾱσα, ἐκλάσθην	. .	F. pass. κλασθήσομαι. Imp. ἔκλων
κλείω	shut	κλείσω, -ῶ	κέκλεικα	κέκλειμαι κέκλεισμαι	ἔκλεισα, ἐκλείσθην	. .	κλεισθήσομαι. P.-p. fut. κεκλείσομαι. Ionic form of this verb κληΐω, ξ κληΐσω, p.-p. κεκλήΐσμαι, &c.
κλέπτω	steal	κλέψω	κέκλοφα	κέκλεμμαι	ἔκλεψα, ἐκλέφθην	ἔκλαπον ἐκλάπην	
κλῄζω	celebrate	κλήσω κλείξω, Dor. κλείσω	. .	κέκλῃσμαι κεκλῄσμαι	ἔκλησα, κλῇξα	. .	Att. contract for κλῄζω, Ion.

NOTE 3. Ep. with reduplication.

κλητω—κινέω.

26

VERBS.	English.	Future.	Perfect.	Perf. pass.	1st Aorists.	2nd Aorists.	2nd Perfect.	Remarks, &c.
κληίω, Ion.	shut	. . .	. . .	κεκλήιμαι -ισμαι	ἐκλήισα, ἐκλήισθην	. . .	. . .	.
κλῄω	shut	κλῄσω	κέκληκα	κέκλημαι -ημαι, Dor.	ἐκλῇσα, ἐκλῄσθην -ᾳξα, Dor.	. . .	. . .	.
κλίνω	bend	κλαξῶ, Dor. κλινῶ	κέκλικα	κέκλιμαι	ἐκλῖνα, ἐκλίνθην ἐκλῖθην	ἐκλίνην	. . .	F. pass. κλιθήσομαι. 3 Perf pass. pl. κεκλίαται κλῦθι used for imp. κλύε, κέκλυθι
κλύω	hear	. . .	κέκλυκα	. . .	. . .	ἔκλυν	. . .	
κναίω κνάω	scrape	κναίσω • -σῶ, Dor. κνήσω	κέκναικα	κέκναυσμαι κέκνησμαι (ι)	ἔκναισα, ἐκναίσθην ἔκνησα, ἐκνήσθην	. . .	. . .	F. pass. κναυσθήσομαι Contracts frequently in η for a
κνίζω	scratch, tear	κνίσω	. . .	κέκνυσμαι	ἔκνῖσα, -ξα, Dor. ἐκνίσθην	. . .	. . .	.
κοιμάω -έω, Ion.	cause to sleep	κοιμήσω	. . .	κεκοίμημαι	ἐκοίμησα, ἐκοιμήθην -άσα -άθην	. . .	. . .	F. pass. κοιμηθήσομαι
κολάζω	punish	κολάσω κολάσομαι κολῶ, Att. κολούσω	. . .	κεκόλασμαι	ἐκόλασα, ἐκολάσθην	. . .	. . .	F. pass. κολασθήσομαι
κολούω	mutilate		. . .	κεκόλουμαι -σμαι	ἐκόλουσα, ἐκολούθην -σθην	. . .	. . .	F. pass. κολουσθήσομαι
κομίζω	bring	κομίσω -ιῶ, Att.	κεκόμικα	κεκόμισμαι -σμαι	ἐκόμισα, ἐκομίσθην (σσ)	. . .	. . .	F. pass. κομισθήσομαι
κονίω	cover with dust	κονίσω κονιῶ	. . .	κεκόνιμαι -ισμαι	ἐκόνισα	. . .	. . .	.
κόπτω	cut, hew	κόψω	κέκοφα	κέκομμαι	ἔκοψα	ἐκόπην	κέκοπα, Ep.	P.-p. fut. κεκόψομαι
κορέννυμι	satiate	κορέσω -έω, Ion.	κεκόρηκα, Ion.	κεκόρεσμαι -ημαι, Ion.	ἐκόρεσα, ἐκορέσθην	. . .	. . .	Part. perf. Ep. κεκορηώς. P.-p. f. κεκορήσομαι, L.

κορύσσω arm	κορύξω	. . .	κεκόρυθμαι	ἐκόρυσα, Ep. ἐκορυσσάμην ἐκορυξάμην	. . .	Perf. part. pass. κεκορυσμενος for -ρυθμένος
κοτέω am hungry	κοτέσομαι (σσ)	κεκότηκα	. . .	ἐκότεσα	. . .	
κράζω cry out	κεκράξομαι	. . .	κέκρανται, 3 sing.	ἔκραξα, r. ἔκρᾶνα, ἐκράνθην -ηνα, Ep.	ἐκρᾶγον	Perf. part. κεκοπηώς Imp. κέκραχθι F. pass. κρανθήσομαι Epic form 1 a. ἐκρήηνα, -ᾱάνθην Like ἵσταμαι in pres.
κραίνω complete	κρᾶνῶ					
κρεμάμαι be suspended, hang	κρεμήσομαι κρεμάσω -ῶ, Att.	. . .	κεκρέμασμαι	ἐκρέμασα, ἐκρεμάσθην	. . .	F. pass. κρεμασθήσομαι Fut. Att. κρεμῶ ᾷς, ᾷ, &c. Ep. κρεμόω
κρεμάν- νυμι up, sus- κρήμνημι pend						
κρίνω judge	κρῐνῶ	κέκρικα	κέκρῐμαι	ἔκρῑνα, ἐκρῐ́θην -ίνθην, Ep.		
κρούω beat		. . .	κέκρουμαι -ουσμαι	ἔκρουσα, ἐκρούσθην		F. pass. κριθήσομαι
κρύπτω conceal, hide	κρύψω	κέκρυφα	κέκρυμμαι	ἔκρυψα, ἐκρύφθην	ἔκρυβον, L. ἐκρύφθην, L.	P.-p. fut. κεκρύψομαι. Imp. freq. κρύπτασκε
κτάομαι acquire κτέομαι, Ion.	κτήσομαι	. . .	κέκτημαι, ἔκτημαι, Ion.	ἐκτησάμην, ἐκτήθην	. . .	P.-p. fut. κεκτήσομαι. Perf. subj. κεκτῶμαι, ᾖ, ᾖται, &c. Opt. κεκτῄμην, ᾖο, ᾖτο, and κεκτῴμην
κτείνω kill, slay	κτενῶ κτᾰνῶ, Ion. κτενέω, Ep.	ἔκτᾰκα ἔκταγκα	ἔκταμαι . L.	ἔκτεινα, ἐκτάθην, Ep. -άθην, L.	ἔκτᾰνον ἔκτᾱν (ἐκτόνηκα)	For perf and aor. pass. Attics use τέθνηκα, ἔθανον
κτυπέω sound	κτυπήσω	. . .	ἐκτύπησα		ἔκτυπον	
κυέω, -ύω be pregnant	κυήσω	κεκύηκα	. . .	ἐκύησα, -ὕσα, ἐκυήθην		
κυλίνδω roll κυλίω -έω	κυλίσω κυλινδήσω		κεκύλισμαι	ἐκύλῐσα, ἐκυλίσθην		Imp. κυλισθήσομαι
κυνέω kiss	κυνήσομαι (κύσω)	. . .	. . .	ἐκύνησα, ἔκῠσα (σσ) Ep.	. . .	

κύπτω—μαίνομαι.

VERBS.	English.	Future.	Perfect.	Perf. pass.	1st Aorist.	2nd Aorist.	2nd Perfect.	Remarks, &c.
κύπτω	bend, stoop	κύψω	κέκυφα	. . .	ἔκυψα	. . .	. . .	Imp. ἔκυρον, κῦρον
κύ‎‍ρω (κύρέω, Ion.)	meet with	κύρσω, κύρήσω	κεκύρηκα	. . .	ἔκυρσα, ἐκύρησα	. . .	. . .	
κωκύω	weep	κωκύσω	. . . .	. . .	ἐκώκυσα	. . .	. . .	
κωλύω	hinder	κωλύσω	κεκώλυκα	κεκώλιμαι	ἐκώλυσα, ἐκωλύθην	. . .	. . .	
κωμάω	revel	κωμάσω	κεκώμακα	κεκώμασα	ἐκώμασα	. . .	. . .	
κωμάζω		κωμάξω			ἐκώμαξα, Dor.			
λαγχάνω	obtain by lot	λήξομαι, r. λάξομαι, Ion.	εἴληχα λέλογχα, Ion. Poet.	εἴληγμαι	ἔληχθην	ἔλᾰχον (λλ) Ep.	. . .	2 aor. act. Ep. λελαχεῖν
λαμβάνω	take	λήψομαι λαμψ-, Ion.	εἴληφα λελάβηκα, Ion.	εἴλημμαι* λέλαμμαι, Ion.	ἔλαμψα, Ion. ἐλήφθην ἐλαμφθην, Ion.	ἔλαβον (λλ) Ep. ἐλαβόμην λάβεσκον, Ep. and Ion.	. . .	F. pass. ληφθήσομαι. 1 aor. Pass. Dor. ἐλάφθην. Fut. Dor. λαμψοῦμαι and -εῦμαι. *Also λέλημμαι. Ion. λέλαμμαι.
λάμπω	shine	λάμψω	λέλαμπα	. . .	ἔλαμψα	. . .	. . .	
λανθάνω λήθω, Poet.	lie hid	λήσω, λᾱσῶ, D. λᾱσεῦμαι, Dor.	. . .	λέλησμαι λέλασμαι, Ep. & Dor.	ἔλησα, ἐλήθην ἐλᾱσα, Dor. ἐλάσθην, -ήσθην	ἔλαθον ἐλᾰθόμην	λέληθα λέλᾱθα, Dor.	Aor. 2 redup. λέλαθον. P.-p. f. λελήσομαι
λάσκω λακέω, Ion. ληκέω, Dor.	speak, say	λακήσομαι λακήσω	. . .	. . .	ἐλάκησα	ἔλᾰκον, λάκον ἐλακόμην	λέλᾱκα	λέληκα, Ep. for λέλᾱκα Perf. part. λελᾱκυῖα
λέγω	say, tell	λέξω	*λέλεχα, L.	λέλεγμαι	ἔλεξα, ἐλέχθην	. . .	. . .	P. pass. λεχθήσομαι. Perf. supplied by *εἴρηκα. P.-p. f. λελέξομαι
	gather, choose	λέξω λεξοῦμαι, Dor.	ἔλοχα εἴλεχα, L.	εἴλεγμαι λέλεγμαι	ἔλεξα, ἐλέχθην	ἐλέγην	. . .	Sync. aor. 2 m. ἐλέγμην
λείβω, εἴβω	pour	λείψω			ἔλειψα			Imp. λεῖβον, εἶβον

λείπω	leave	λείψω	. .	λέλειμμαι	ἔλειψα, L. ἐλείφθην	ἔλιπον ἐλιπόμην	F. pass. λειφθήσομαι. P.-p. f. λελείψομαι
λείχω	lick	λείξω	λέλειχα	λέλειμμαι	ἔλειξα	ἐλίπην	P. part. λελειχμώς, λελιχμώς
λέπω	peel	λέψω	. .	. .	ἔλεψα	ἐλάπην	
λεύω	stone	λεύσω	. .	. .	ἔλευσα, ἐλεύσθην		F. pass. λευσθήσομαι
λῃΐζω, rare	pillage	λῃΐσω (σσ)	. .	λελήϊσμαι λέληγμαι	ἐλῃσάμην, Att. ἐλῃϊσάμην (σσ) ἐλῃΐσθην		
λίσσομαι λίτομαι	supplicate	λίσομαι.	. .	. .	ἐλισάμην (λλ) .	ἐλιτόμην	Imp. freq. λισσέσκετο. Inf. aor. 2 Ep. λιτέσθαι
λογίζομαι	consider	λογίσομαι -ιοῦμαι	. .	λελόγισμαι	ἐλογισάμην ἐλογίσθην		
λούω λόω, Poet.	bathe	λούσω -ῶ, Dor.	. .	λέλουμαι -σμαι	ἔλουσα, ἐλούθην -σθην		The Attics shorten all the forms which have ε or ο in the termination; as imperf. ἔλου for ἔλουε, ἐλοῦμεν for ἐλούομεν, &c.
λυμαίνομαι	abuse	λυμανοῦμαι	. .	λελύμασμαι λελύμανται, 3 sing.	ἐλυμηνάμην ἐλυμάνθην		
λυπέω	vex, molest	λυπήσω	λελύπηκα	λελύπημαι	ἐλύπησα, ἐλυπήθην		F. pass. λυπηθήσομαι
λύω	release	λύσω	λέλυκα	λέλυμαι	ἔλυσα, ἐλύθην	ἐλύμην, Ep.	F. pass. λυθήσομαι. P.-p. f. λελύσομαι. 2 a. in Homer λύμην
λωβάομαι	abuse, insult	λωβήσομαι	. .	λελώβημαι	ἐλωβήθην ἐλωβησάμην		
μαίνομαι μαίνω, rare	rave, am mad	μανοῦμαι	μεμάηγκα, L.	μεμάνημαι, ἔμπα rare		ἐμάνην	λέλοιπα μέμηνα

30   μανθάνω—μῦ́ω.

VERBS.	English.	Future.	Perfect.	Perf. pass.	1st Aorist.	2nd Aorist.	2nd Perfect.	Remarks, &c.
μανθάνω	learn	μᾰθήσομαι	μεμάθηκα	. . . .	. . . .	ἔμᾰθον	. . . .	
μάρπτω	seize	μᾰθεῦμαι, Dor. μάρψω	. . . .	. . . .	ἔμαρψα	ἔμμαθον, Ep. ἔμαρπτον μέμαρπτον, Ep.	μέμαρπα, Ep.	Part. 2 perf. μεμαρπώς
μαρτῡρέω	bear witness	μαρτῠρήσω	μεμαρτύρηκα	μεμαρτύρη-μαι	ἐμαρτύρησα ἐμαρτυρήθην			
μάσσω -ττω	knead	μάξω	μέμαχα	μέμαγμαι	ἔμαξα, ἐμάχθην	ἐμάγην		
μαστῑγόω	chastise	μαστῑγώσω	. . . .	μεμαστίγω-μαι	ἐμαστίγωσα ἐμαστιγώθην			
μάχομαι -έομαι, Ep. & Ion.	fight	μαχοῦμαι -έσομαι	. . . .	μεμάχημαι -εσομαι	ἐμαχεσάμην -ησάμην, Ep. ἐμαχέσθην, L			Fut μαχήσομαι and μαχέσσομαι, Ep, to suit the metre
μεθίημι μετίημι, Ion.	send away	μεθήσω	μεθεῖκα	μεθεῖμαι μεμέτιμαι, Ion.	μεθῆκα -ῆσα, L μεθῆκα, Ep. & Ion. μετείθην, Ion.			F. mid as pass. μετήσομαι
μεθύσκω μείρομαι	intoxicate obtain, or-dain by fate	μεθύσω	μεμόρηκε, L	μεμέθυσμαι εἴμαρται, Inpers.	ἐμέθῠσα, ἐμεθύσθην	ἔμμορον	ἔμμορα	F. pass. μεθυσθήσομαι Inf. p.-pass. εἴμαρθαι. Part. εἱμαρμένος. Pl perf εἴμαρ-το, Impers. 3 perf p. s. με-μόρηται & μεμόρακται, Dor. Imp. ἤμελλον, Att. μέλλον, Ep.
μέλλω	be about	μελλήσω	. . . .	. . . .	ἐμέλλησα, ἠ—, Att.			
μέλπω μέλω	sing am an object of care	μέλψω μελήσω	. . . . μεμέληκα	. . . . μεμέλημαι, L	ἔμελψα ἐμέλησα		μέμηλα	Used impersonally as μέλει, it is a care, &c. 2 perf. Dor. μεμᾱλώς, 3 perf p. s. μέμ-βλεται, cont. from μεμέληται.

μέμφομαι blame	μέμψομαι	. . .	. . .	ἐμεμψάμην ἐμέμφθην			
μένω remain	μενῶ, -έω, Ep. μερίσω μερῶ, -ίζω, Dor. μερῶ, Att.	μεμένηκα	. . .	ἔμεινα	μέμονα, r.		
μερίζω divide		. . .	μεμέρισμαι	ἐμέρισα, ἐμέριξα ἐμερίσθην			
μηκάομαι bleat, cry	. . .	. . .	. . .	. . .	ἔμᾱκον	μέμηκα	Imperf. ἐμέμηκον. Perf. part. μεμᾱκυῖα Dor. μανύω
μηνύω declare	μηνύσω	μεμήνῡκα	μεμήνῡσμαι	ἐμήνῡσα, ἐμηνύθην			
μηχανάομαι contrive, devise	μηχανήσομαι	. . .	μεμηχάνησμαι	ἐμηχανησάμην			
μιαίνω stain, pollute	μιανῶ	μεμίαγκα	μεμίασμαι	ἐμίανα, ἐμιάνθην -πνα, Att.			F. pass. μιανθήσομαι. μιάνθην in Hom = ἐμιάνθησαν? Imp. ἐμίγνυν, &c. P.-p. fut. μεμίξομαι. Inf 1 a. μῖξαι
μίσγω mix	μίξω	μέμιχα	μέμιγμαι	ἔμιξα, ἐμίχθην			
μίγνῡμι μίσγω					ἐμίγην		
μιμέομαι imitate	μιμήσομαι	. . .	μεμίμημαι	ἐμιμησάμην			F. pass. μιμηθήσομαι
μιμνήσκω remind μνάομαι, -ῶμαι Ion.	μνήσω	. . .	μέμνημαι -ᾶμαι, Dor.	ἔμνησα, ἐμνήσθην -ᾱσα, Dor.			F. pass. μνησθήσομαι. P.-p. f. μεμνήσομαι. Perf opt. μεμνήμην, -οίμην, -ῴμην, Att. μεμνεῴμην, Ion. 3 plup. pl. ἐμέμνεατο
μύττω make less	μινυθήσω	μεμινύθηκα	. . .	ἐμινύθησα, ἐμινύθην			
μισέω hate	μισήσω	μεμίσηκα	. . .	ἐμίσησα, ἐμισήθην			Imp. ἐμνώμην. Inf. μνάασθαι
μνάομαι, -ῶμαι desire							F. pass.
μνημονεύω remember	μνημονεύσω	ἐμνημόνευκα	μεμνημόνευμαι	ἐμνημόνευσα			
μυκάομαι bellow	μυκήσομαι	. . .	μεμύκημαι	ἐμυκησάμην	μύκον, Ep. ἔμῡκον	μέμῡκα	
μύω close the eyes	μύσω	μέμῡκα	. . .	ἔμῡσα			

31

32   ναίω—οἰνοχοέω.

VERBS.	English.	Future.	Perfect.	Perf. pass.	1st Aorist.	2nd Aorist.	2nd Perfect.	Remarks, &c.
ναίω	inhabit	νάσσομαι	.	νένασμαι	ἔνασσα, ἐνάσθην	.	.	Perf. pass. Ion. νένασμαι
νάσσω -ττω	stuff, stop up	νάξω	.	νένασμαι	ἔναξα	.	.	
ναυστολέω	go by ship	ναυστολήσω	νεναυστόληκα	.	ἐναυστόλησα	.	.	
νεικέω -είω	chide	νεικέσω -σσω	.	.	ἐνείκεσα (σσ)	.	.	
νεμεσάω -σσάω	blame	νεμεσήσω	.	.	ἐνεμέσησα -άσα, Dor. ἐνεμεσήθην	.	.	
νέμω	distribute	νεμῶ, -ήσω, L.	νενέμηκα	νενέμημαι	ἔνειμα, ἐνεμήθην -έθην, L. ἐνεμησάμην, L.	.	.	Ion. pres. νεμέομαι
νεύω	bend, nod	νεύσω	νένευκα	.	ἔνευσα, ἐνεύθην	.	.	
νέω	swim	νεύσομαι and νευσοῦμαι	νένευκα, in comp.	.	ἔνευσα	.	.	Imp. Ep. ἔννεον
νέω	heap up	νήσω	.	νένημαι -σμαι	ἔνησα, ἐνήθην, L. -ησθην	.	.	Inf. 1 aor. νῆσαι. Another form of pres. is νηέω
νέω, νήθω	spin	νήσω	.	νένησμαι.	ἔνησα, ἐνήθην	.	.	
νίζω (νίπτω, L.)	wash	νίψω	.	νένιμμαι	ἔνιψα, ἐνίφθην	.	.	
νοέω	think	νοήσω	νενόηκα	νενόημαι -ωμαι,Ion.	ἐνόησα, ἐνοήθην ἔνωσα, Ion.	.	.	In Ionic οη contracted into ω
νομίζω	think	νοσω, Ion. νομιῶ, Att	νενόμικα	νενόμισμαι	ἐνόμισα, ἐνομίσθην	.	.	F. pass. νομισθήσομαι
ξαίνω	card	ξανῶ	.	ἔξασμαι ἔξαμμαι·	ἔξηνα, ἐξάνθην	.	.	
ξέω	rub, scrape	ξέσω ξέσσω, Ep.	ἔξηκα, L.	ἔξεσμαι	ἔξεσα, ξέσσα, Ep.	.	.	

ξηραίνω	dry	ξηρανῶ		ἐξήρασμαι ἐξήραμμαι ἐξήρημαι	ἐξήρανα, ἐξηράνθην -ηνα, Ion. ἐξύρησα, ἐξυράμην, M.	F. pass. ξυρηθήσομαι
ξυρέω -άω -ω	shave, shear	ξυρήσομαι, L.				
ξύω	polish	ξύσω		ἔξυσμαι	ἔξυσα, ἐξύσθην	
ὀγκόω ὀδύρομαι ὀδύσσομαι	swell lament am enraged at	ὀγκώσω ὀδυροῦμαι		ὤγκωμαι	ὤγκωσα, ὠγκώθην ὠδῑράμην, ὠδυρθην ὠδυσσάμην, ὠδυσθην	
ὄζω	smell	ὀζήσω -έσω, Ion.	ὤζηκα		ὤζησα -εσα, Ion.	Pl. perf. ὠδώδειν and ὀδ-. Part. ὠδοδώς ὄδωδα
οἴγω	open	οἴξω			ᾦξα, ᾦιξα, Ep. ᾦχθην	Imp. pass. ὠιγνύμην. Part. 1 a. οἴξας. Pass. οἰχθείς
οἰγνῡμι οἶδα	(see ἔβω)					
οἰδέω -άω, L. -αίνω	swell	οἰδήσω	ᾤδηκα		ᾤδησα	Imp. ᾤδεον. Mid. and pass. late
οἰκέω -αίνω, L. -είω Poet.	dwell	οἰκήσω	ᾤκηκα	ᾤκημαι οἴκημαι, Ion.	ᾤκησα, ᾠκήθην	Imp. ᾤκεον, οἴκεον. 1 aor. Ep. ᾤκηθεν = ᾠκήθησαν
οἰκίζω	found, settle	οἰκιῶ		ᾤκισμαι οἴκ—, Ion.	ᾤκισα, ᾠκίσθην ᾤκισα, οἴκισα	
οἰκτείρω	pity	οἰκτερῶ οἰκτειρήσω, L.			ᾤκτειρα ᾠκτείρησα, L.	
οἰμώζω	lament	οἰμώξομαι		οἰμωγμαι	ᾤμωξα	1 aor. part. pass. οἰμωχθείς
οἰνοχοέω	pour wine	οἰνοχοήσω			οἰνοχόησα ?	Imp. οἰνοχόεον, ᾠνοχ-, ἐῳνοχ-. Aor. 1 inf. οἰνοχοῆσαι

34 οἴομαι—ὀσφραίνομαι.

VERBS.	English.	Future.	Perfect.	Perf. pass.	1st Aorists.	2nd Aorists.	2nd Perfect.	Remarks, &c.
οἴομαι οἴω οἶμαι	think	οἰήσομαι	.	.	ᾠήσαμην, L. ᾠισάμην, Ep. ᾠήθην ᾠίσθην, Ep.	.	.	ᾠιόμην, ᾠόμην, ᾤμην. Inf. 1 aor. Ep. οἰσθῆναι, L. 2 sing. pres. οἴει
οἴχομαι	go, am gone	οἰχήσομαι	οἴχωκα ᾠ- -ηκα	οἴχημαι, Ιοn.	.	.	.	Imp. ᾠχόμην. Pl. perf. οἰχώκεα, Ion.
ὀλισθαίνω	slip up	ὀλισθήσω	ᾠλίσθηκα	ἕχ——	ὠλίσθησα, L	ὤλισθον	.	ὀλισθαίνω is another form of pres.
ὀλλῦμι -ύω	destroy	ὀλῶ, Att.-έω, ὀλέσω, Ep. (σσ)	ὀλώλεκα	.	ὤλεσα ὄλεσα, Ep. (σσ)	ὠλόμην	ὄλωλα, am undone	Imp. ὀλέσκον, freq. 2 aor. m. part. ὀλόμενος and οὐλόμενος
ὀλολύζω ὀλοφύρομαι	shout lament	ὀλολύξομαι ὀλοφυροῦμαι	.	.	ὠλέσθην, L. ὠλόλυξα, ὀλ- unaug. ὠλοφυράμην	.	.	1 aor. part. ὀλοφυρθείς
ὁμαρτέω	accompany	ὁμαρτήσω	.	ὀμώμοται -μοσμαι	ὠμάρτησα	ὤμαρτον	.	.
ὄμνυμι -ύω	swear	ὀμοῦμαι* ὀμόσω, L.	ὀμώμοκα	.	ὤμοσα, -σσα, Ep. -σθην ὄμοσσα (σ)	.	.	Imp. ὤμνυον. F. pass. ὀμοσθήσομαι *-εῖ, -εῖται, &c.
ὁμοιόω ὁμολογέω	make like confess	ὁμοιώσω ὁμολογήσω	ὡμολόγηκα	ὡμοίωμαι ὡμολόγημαι	ὡμοίωσα, ὡμοιώθην ὡμολόγησα	.	.	.
ὀμόργνυμι ὀνειδίζω ὀνίνημι	wipe reproach assist	ὀμόρξω ὀνειδιῶ ὀνήσω -ασῶ, Dor.	ὠνείδικα	ὤνημαι, r.	ὠμόρξα, ὠμορξάμην ὠνείδισα ὤνησα, -ᾱσα, Dor. ὠνήθην -άθην, Dor.	ὠνάμην -ήμην, -ησο -ητο	.	1 aor. ὠμόρχθείς Pres. and imp. like ἵστημι. Imp. ὠφέλουν used. 2 aor. opt. ὀναίμην. Imper. ὄνησο. Inf. ὄνασθαι, ὀνῆσθαι

ὀνομάζω name ὀνομάζω, Ion. ὀνόμαι think lightly of, reproach	ὀνομάσω ὀνόσομαι (σσ)	ὠνόμακα	ὠνόμασμαι	ὠνόμασα, ὠνομάσθην ὀνόμαξα, Aeol. ὠνοσάμην, ὠνόσθην	ὠνάμην	Pres. and Imp. like δίδομαι
ὀξύνω sharpen		ὤξυγκα	ὤξυμμαι -νμαι			Aor. 1 ὀξυνθείς
ὁπλίζω arm ὀπύω marry	ὁπλοῦμαι, L. ὀπύσω		ὤπυσμαι, L.	ὡπλισάμην, ὠπλίσθην		Imp. ὠπύεον, ὤπυον. Act. to marry, said of the man. M. and pass. to be married, of the woman
ὁράω see -έω, Ion. -όω, Ep.	ὄψομαι	ἑώρακα ἑόρακα	ἑόραμαι ὦμμαι	ὠψάμην, rare, ὤφθην	εἶδον εἰδόμην, M. ἰδ——	ὄπωπα	Imp. ἑώραον, ἑώρων; Ion. ὥρεον. ὥρων, ὁρώμην pass. F. pass. ὀφθήσομαι. 2 sing. fut. ὄψει, Ion. ὄψεαι. 2 aor. imperat. ἰδέ, mid. ἰδοῦ. 1 aor. pass. inf. ὁραθῆναι
ὀρέγω ὀρέγνυμι stretch out	ὀρέξω		ὄρεγμαι ὀρώρεγμαι 3 pl. Ep. ὀρωρέχαται Plup. -ατο	ὤρεξα, ὠρέχθην		
ὀργίζω exasperate ὁρμάω incite ὄρνυμι rouse -ύω	ὀργιῶ ὁρμήσω ὄρσω, ὀροῦμαι	ὤργικα ὥρμηκα	ὤργισμαι ὥρμημαι	ὠργίσθην ὥρμησα, ὡρμήθην ὦρσα, οὖρ-, Ion.		ὄρωρα	F. pass. ὀργισθήσομαι Poet. form ὁρμαίνω, a. ὥρμηνα Imp. ὤρνυον. 2 a. sync. inf. ὄρθαι, ὦρθαι
ὀρίζω ούρ-, Ion. ὀρύσσω dig -ττω	ὁρίσω ὁριοῦμαι ὀρύξω	ὥρικα ὀρώρυχα	ὥρισμαι ὀρώρυγμαι	ὥρισα, ὡρίσθην ὤρυξα, ὠρύχθην rare			F. pass. ὁρισθήσομαι. Plup. pass. ὡρίσμην, ὡρώρυγμην, ὡρώρυκτο Aor. 2 Ion. ὀρύχθην
ὀσφραίνο-smell μαι	ὀσφρήσομαι			ὠσφρόμην			

35

ὀτρῡ́νω—πεινά ω.

VERBS.	English.	Future.	Perfect.	Perf. pass.	1st Aorists.	2nd Aorists.	2nd Perfect.	Remarks, &c.
ὀτρύνω	urge, rouse	ὀτρῡνέω, Ep. for ῡ̔νῶ	. . .	. . .	ὤτρῡνα	. . .	. . .	Imp. freq. ὀτρύνεσκον
οὐτάω οὐτάζω, Poet.	wound	οὐτήσω -άσω	. . .	οὔτασμαι	οὔτησα, οὐτήθην -άσα	οὖταν	. . .	1 aor. freq. οὐτήσασκε
ὀφείλω -έλλω, Ep.	owe, ought	ὀφειλήσω	ὠφείληκα	. . .	ὠφέλησα, ὠφειλήθην	ὤφελον ὄφελον	. . .	Imp. ὄφειλον, ὤφελλον. Aor. ὤφελον used only as a wish
ὀφέλλω, increase, Ep. assist		ὀφελῶ	. . .	. . .	ὤφελα		. . .	Imp. ὤφελλον
ὀφλισκάνω	am guilty	ὀφλήσω	ὤφληκα	ὤφλημαι	ὤφλησα	ὦφλον	. . .	Inf. 2 aor. ὀφλεῖν
ὀχέω	carry, bear	ὀχήσω	. . .	. . .	ὀχησάμην, ὠχήθην	. . .	. . .	Imp. ὠχεῖτο
παιδεύω	instruct	παιδεύσω	πεπαίδευκα	πεπαίδευμαι	ἐπαίδευσα, ἐπαιδεύθην	. . .	. . .	F. pass. παιδευθήσομαι
παίζω -ίσδω, Dor.	sport	παίξομαι παίξω, L. παιξοῦμαι, Att.	πέπαικα -χα, L.	πέπαισμαι, -γμαι, L	ἔπαισα, -ξα ἐπαίχθην	. . .	. . .	
παίω	strike	παίσω -ήσω, Poet.	πέπαικα, in comp.	πέπαισμαι, L.	ἔπαισα, ἐπαίσθην	. . .	. . .	
παλαίω	wrestle	παλαίσω	πεπάλαικα	πεπάλαισμαι	ἐπάλαισα, ἐπαλαίσθην	. . .	. . .	1 aor. Ep. ἐπάλησα
πάλλω	shake	(παλῶ)	. . .	πέπαλμαι	ἔπηλα	πέπαλον ἐπάλην, Ep.	πέπηλα	2 aor. sync. πάλτο. Part. πεπᾱλών
πάσομαι	taste	πάσομαι	. . .	πέπασμαι	ἐπᾱσάμην ἐπασσ-	. . .	. . .	
πάομαι	acquire	πάσομαι	. . .	πέπαμαι	ἐπασάμην	. . .	. . .	P.p.f. πεπάσομαι. Pl. perf. ἐπεπάμην. 3 sing. πέπᾱτο
παραινέω	exhort	παραινέσω -ήσω, Ep.	παρῄνεκα	παρῄνημαι	παρῄνεσα, παρῃνέθην	. . .	. . .	Imp. 3 sing. παρῄνει. 1 aor. Ion. παραίνεσα

παρανομέω transgress	παρανομήσω	παρανενόμηκα παρηνόμηκα πεπαρώνηκα	παρηνόμησα, παρεν-	.	.	Imp. παρηνόμουν, παρε—— P. pass. infin. παρανενο- μήσθαι
παροινέω behave rudely	παροινήσω	.	ἐπαρῴνησα παρ——— ἐπαρῳνήθην ἐπαρρήσιασάμην	.	.	Imp. ἐπαρῴνουν (οἱ)
παρρησιά- speak bold- ζομαι ly	παρρησιάσομαι	.		.	.	
πάσσω sprinkle -ττω, Att.	πάσω	.	ἔπασα, ἐπάσθην	.	.	
πάσχω feel, suffer	πείσομαι, πήσ-	.	ἔπρᾱ?	ἔπαθον	πέπονθα πέπηθα, Ep. πέποσχα, Dor. rare	Pl.perf. ἐπέπαστο and πέπαστο πέπασθε for πεπόνθατε, 2 pl. 2 per.
πατάσσω strike πατέομαι taste. (See πέδομαι)	πατάξω	.	πεπάταγμαι ἐπάταξα, ἐπατάχθην	.	.	F. pass. παταχθήσομαι
παύω repress	παύσω	πέπαυκα	ἔπαυσα, ἐπαύθην ἐπαύσθην	ἐπάην?	.	F. pass. παυθήσομαι. Imp. freq. παύεσκον. P.-p. f. πεπαύσομαι
πείθω persuade	πείσω	πέπεικα	ἔπεισα, ἐπείσθην	ἔπιθον πίθον, Poet. πέπιθον, Ep. ἐπιθόμην	πέποιθα πεποιθέα, Ep.	F. pass. πεισθήσομαι. Imper. perf. pass. πέπεισθ, r. 2 aor. used only in redupli- cated form by Homer. Fut. mid. πείσομαι and πήσομαι, L. sync. 1 pl. plupf. m. ἐπί- πιθμεν
πείκω, Ep. shear πέκω	πέξω, Dor.	.	ἔπεξα, ἐπέχθην	.	.	
πεινά'ω be hungry	πεινήσω πεινάσω, r.	πεπείνηκα	ἐπείνησα	.	.	Contracts by η instead of α, as πεινᾷς, πεινῇ. Infin. πεινῇν

πειράω—πίμπρημι.

38

VERBS.	English.	Future.	Perfect.	Perf. pass.	1st Aorist.	2nd Aorist.	2nd Perfect.	Remarks, &c.
πειράω	try, prove	πειρᾱ́σω -ήσω, Ion. & Ep. πειρασοῦμαι, Dor.	πεπείρᾱκα	πεπείρᾱμαι -ημαι, Ion. & Ep.	ἐπείρᾱσα -ησα, Ion. & Ep. ἐπειρᾱ́θην -ήθην	. .	. .	α changed into η in Ionic forms
πείρω	pierce, traverse	περῶ	. .	πέπαρμαι	ἔπειρα	ἐπάρην	. .	
πελάζω πελάω	bring near	πελάσω -σσω πελῶ, Att.	. .	πέπλημαι	ἐπέλᾰσα, -σσα ἐπελάσθην ἐπλάθην, Poet. ἐπλάσθην	ἐπλήμην	. .	πελάω. Inf Ep. πελάαν. Att. pr. πελᾱ́θω
πέλω	I am	. .	. .	. .	. .	. .	. .	Imp. ἔπελον. Sync. ἔπλε, πέλον, πελέσκεο freq. Used for εἰμί by the Poets
πέμπω	send	πέμψω	πέπομφα	πέπεμμαι	ἔπεμψα, ἐπέμφθην	. .	. .	The defective tenses are supplied by ἀποστέλλω
πενθέω	sorrow	πενθήσω	πεπένθηκα	. .	. .	. .	. .	Inf. pres. Ep. πενθήμεναι = εἰν
πεπαίνω	make soft	πεπανῶ	. .	. .	ἐπέπᾱνα, ἐπεπάνθην	. .	. .	F. pass. πεπανθήσομαι
περαίνω	end	περανῶ	. .	πεπέρασμαι	ἐπέρᾱνα, ἐπεράνθην	. .	. .	F. pass. περασθήσομαι, Dor. 3 sin. perf p. πεπείρανται
περαιόω	set over	περαιώσομαι	. .	. .	ἐπεραίωσα ἐπεραιώθην	. .	. .	
περάω	go over	περᾱ́σω -ήσω, Ep. & Ion.	πεπέρᾱκα	. .	ἐπέρᾱσα -ησα, Ep. & Ion.	. .	. .	Imp. περάασκε. Inf. pr. περάαν
περάω, Ep. sell		περᾱ́σω περῶ, Att.	. .	πεπέρημαι	ἐπέρᾱσα, -σσα, Ep.	. .	. .	See πιπράσκω
πέρθω	destroy	πέρσω	πέπορθα, L	. .	ἔπερσα πέρσα, Ep.	ἔπραθον, Ep. ἐπραθόμην	. .	Inf. 2 aor. πέρθαι for πέρθεσθαι

πέσσω cook -ττω, L.	πέψω	. . .	πέπεμμαι	ἔπεψα, ἐπέφθην	F. pass. πεφθήσομαι
πέταμαι fly πετάννῦμι expand -ύω	. . . πετάσω, πετῶ	. . . πεπέτακα	πεπέτασμαι πέπταμαι, Att.	ἐπετάσθην ἐπέτασα, ἐπετάσθην πέτασσα	Like ἵσταμαι. Aor. 2 sync. ἔπτην. Aor. m. ἐπτάμην
πέτομαι fly, (see ποτάομαι)	πετήσομαι πτήσομαι	. . .	. . .	ἐπτόμην	
πέφνω kill	πεφήσομαι	. . .	πέφαμαι	ἔπεφνον, πέφνον	Inf. Ep. πεφνέμεν
πήγνῡμι fix, fasten -ύω	πήξω πάξω, Dor.	πέπηχα, rare	πέπηγμαι	ἔπηξα, -αξα, Dor. ἐπήχθην ἐπάχθην, Dor. πήχθην, Ep. ἐπήγηρα	2 pl. perf. ἐπέπηγεν πέπηγα πέπαγα, Dor.
πηδάω leap -έω, Ion. πᾱδάω, Dor.	πηδήσω πηδήσομαι	πεπήδηκα			
πημαίνω injure	πημᾰνῶ πημανέω, Ep.			ἐπήμηνα, ἐπημάνθην	
πιάζω grasp, seize πιέζω press	πιέσω	. . .	πεπίασμαι πεπίεσμαι -γμαι	ἐπίαξα, ἐπιάσθην ἐπίεσα, ἐπιέσθην ἐπιέχθην	πιάζω is Dor. for πιέζω
πίμπλη- fill μι (4)	πλήσω	πέπληκα	πέπλησμαι	ἔπλησα, ἐπλήσθην	ἐπλήμην, Opt. πλήμην Inf. πιμπλάναι like ἵστημι. Pres. and imperf. πλείμην
πίμπρη- burn μι (4) -ράω	πρήσω	πέπρηκα	πέπρησμαι πέπρημαι	ἔπρησα, ἐπρήσθην ἔπρεσε	F. pass. πλησθήσομαι Imp. ἐπίμπλην. Pres. and imperf. like ἵστημι. Inf πιμπλάναι F. pass. πρησθήσομαι, L. Imp. ἐπίμπρην. Pres. and imperf. like ἵστημι. P.-p. f. πεπρήσομαι. Imperat. πίμπρη for πίμπραθι

NOTE 4. In Comp. when μ precedes π the second π is rejected, as ἐμπίπλημι, but resumed when the augment is interposed.

πυνίσκω—πολιτεύω.

VERBS.	English.	Future.	Perfect.	Perf. pass.	1st Aorists.	2nd Aorists.	2nd Perfect.	Remarks, &c.
πυνίσκω -σσω	make wise	. .	. .	πέπνυμαι	ἐπίνυσσα ἐπινύσθην, L.	. .	. .	Imp. ἐπίνυσσον
πίνω	drink	πῖομαι πιοῦμαι, rare	πέπωκα	πέπομαι	ἐπόθην	ἔπιον	. .	F. pass. ποθήσομαι. Imper. πιέ, πίθι, Inf. 2 aor. πιεῖν, πίῃσθα Ep. 2 sing. aor. 2 subj. Ion. part. πινεύμενος
πεπίσκω	give to drink	πίσω	. .	. .	ἔπισα, ἐπίσθην, L.	. .	. .	
πιπράσκω sell -ήσκω, Ion.		. .	πέπρᾱκα	πέπρᾱμαι	ἐπράθην ἐπρήθην, Ion.	. .	. .	F. pass. πραθήσομαι. P.-p. f πεπρᾱσομαι. Ionic forms change α into η, as πιπρήσκω. Fut. and aor. supplied from περάω
πίπτω	fall	πεσοῦμαι -έομαι, Ion.	πέπτωκα -ηκα, L.	. .	ἔπεσα?	ἔπεσον ἔπετον, Æol. and Dor.	. .	Perf. part. Ep. πεπτεώς, πεπτώς Att.
πλάζω	cause to wander	πλάγξω	. .	. .	ἔπλαγξα, ἐπλάγχθην	. .	. .	
πλανάω	cause to wander	πλανήσω	πεπλάνηκα	πεπλάνημαι	ἐπλανήθην	. .	. .	F. pass. πλανηθήσομαι
πλάσσω -ττω	form	πλάσω	πέπλακα, L.	πέπλασμαι	ἔπλασα, ἐπλάσθην	. .	. .	
πλέκω	knit	πλέξω	πέπλεχα	πέπλεγμαι	ἔπλεξα, ἐπλέχθην	ἐπλάκην ἐπλέκην	. .	F. pass. πλεχθήσομαι
πλέω -είω, Ion.	sail	πλεύσω, L. πλεύσομαι -οῦμαι	πέπλευκα	πέπλευσμαι	ἔπλευσα, ἐπλεύσθην	. .	. .	F. pass. πλευσθήσομαι. εε and εει only contracted by Attics
πλήθω -άθω, Dor.	to be full	πλήσω	. .	. .	. .	. .	πέπληθα	2 pluper. ἐπεπλήθειν. See πίμπλημι

πληρόω fill	πληρώσω	πεπλήρωκα	πεπλήρωμαι	ἐπλήρωσα, ἐπληρώθην			F. pass. πληρωθήσομαι
πλήσσω strike -ττω πλήγνυμι	πλήξω	πέπληγα	πέπληγμαι -αγμαι, Dor.	ἔπληξα, ἐπλήχθην πλᾶξα, Dor., πλῆξα ἐπληξάμην	ἐπέπληγον, Ep. πέπληγον ἐπλήγην, Pass. ἐπλᾶγην, Dor. πεπληγόμην, Ep.	πέπληγα	P.-p. f. πεπλήξομαι. Inf. pass. ἐκπληγνύσθαι
πλύνω wash	πλῠνῶ, -έω, Ep. ἐκπλυνοῦμαι, M in comp.	πέπλῠκα	πέπλῠμαι	ἔπλῡνα, ἐπλύθην -ύθην, L.			Imp. freq. πλύνεσκον
πλώω, sail (Poet. & Ion. for πλέω)	πλώσω, L	πέπλωκα		ἔπλωσα	ἔπλων, -ως, -ω		
πνέω blow, -είω, breathe Poet.	πνεύσω, L. πνεύσομαι & πνευσοῦμαι	πέπνευκα	πέπνευμαι -σμαι, L.	ἔπνευσα ἐπνεύσθην, L.			F. pass. πνευσθήσομαι, L. Plup. as imperf πεπνύμην. Perf. pass. πέπνῡμαι, Poet.
πνίγω strangle	πνίξω -οῦμαι, M.		πέπνιγμαι	ἔπνιξα	ἐπνίγην		
ποθέω desire, regret	ποθήσω -έσομαι, M.	πεπόθηκα	πεπόθημαι	ἐπόθησα, ἐποθέσθην -θεσα			Imp. freq. ποθέεσκον. Not augmented by Homer
ποιέω do, make	ποιήσω ποιοῦμαι, M.	πεποίηκα πεποίηκω, Dor.	πεποίημαι	ἐποίησα, ἐποιήθην			P.-p. f. πεποιήσομαι. 3 pl. 1 aor. ἐποιοῦσαν, L.
πολεμέω wage war	πολεμήσω	πεπολέμηκα		ἐπολέμησα ἐπολεμήθην			P. pass. πολεμηθήσομαι. Ep. form πολεμίζω, πτ-. -ξω
πολιορκέω besiege	πολιορκήσω	πεπολιόρ- κηκα	πεπολιόρ- κημαι	ἐπολιόρκησα ἐπολιορκήθην			F. p. πολιορκηθήσομαι
πολιτεύω be a citizen	πολιτεύσω	πεπολίτευκα	πεπολίτευ- μαι	ἐπολίτευσα ἐπολιτεύθην			

πονέω—ῥυέω.

VERBS.	English.	Future.	Perfect.	Perf. pass.	1st Aorist.	2nd Aorists.	2nd Perfect.	Remarks, &c.
πονέω	labour, suffer pain	πονήσω	πεπόνηκα	πεπόνημαι -αμαι, Dor.	ἐπόνησα, ἐπονήθην -άθην, Dor.	.	.	Fut. and aor. πονέσω, -εσα, when signifying pain. F. pass. πορευθήσομαι, rare
πορεύω	cause to go, convey	πορεύσω	.	πεπόρευμαι	ἐπόρευσα, ἐπορεύθην	.	.	
πορίζω	open a way, find	πορίω, Att.	πεπόρικα	πεπόρισμαι	ἐπορισάμην, ἐπορίσθην	.	.	
πορεῖν	give (A poetic 2nd aorist)	.	.	.	.	ἔπορον, πόρον	.	3 sing. plu-p. πέπρωτο
ποτάομαι -έομαι	fly	ποτήσομαι	.	πεπότημαι -άμαι, Dor.	ἐποτήθην -άθην, Dor.	.	.	This verb is Poet. for πέτομαι
πραγμα- τεύομαι	be engaged in	.	.	πεπραγμά- τευμαι	ἐπραγματευσάμην -εύθην	.	.	Ionic πρηγ-, ἐπρηγ-
πρήσσω do -ττω	do	πράξω	πέπραχα	πέπραγμαι	ἔπραξα, ἐπράχθην	.	πέπραγα	F. pass. πραχθήσομαι. P.-p. fut. πεπράξομαι
πρήσσω, Ep. & Ion.								
πραΰνω πρηΰνω, Ion.	soothe	πρηΰνῶ	.	πεπραΰσμαι L.	ἐπραῢνα, ἐπραΰνθην -ήυνα, Ion.	.	.	Sometimes used impersonally
πρέπω	be conspicu- ous	πρέψω	.	.	ἔπρεψα	.	.	
πρήσσω (Ionic for πράσσω)		πρήξω	πέπρηχα	πέπρηγμαι	ἔπρηξα, ἐπρήχθην	.	πέπρηγα	
πρίω (πρίαμαι) Inflected like ἱστά- μην	buy	.	.	.	.	ἐπριάμην πριάμην	.	A defect. aor. 2. Imper. πρί- ασο. Inf. πρίασθαι. Opt. πριαίμην. Conj. πρίωμαι
πρίω	saw, gnash the teeth	πρίσω	.	πέπρισμαι	ἔπρισα, ἐπρίσθην	.	.	
προφασί- ζομαι	unake pre- text	προφασιοῦμαι	.	.	προυφασισάμην προυφασίσθην	.	.	

42

πταίω	stumble	πταίσω	ἔπταικα	ἔπταισμαι	ἔπταυσα, ἐπταίσθην	ἔπταικον		Ep. 2 aor. ἔπτην, 3 dual πτήτην
πτήσσω	cower, crouch	πτήξω	ἔπτηχα -κα, L.	.	ἔπτηξα			
πτίσσω -ττω	pound	πτίσω	.	ἔπτισμαι	ἔπτισα, ἐπτίσθην	.		
πτύσσω	fold	πτύξω	.	ἔπτυγμαι	ἔπτυξα, ἐπτύχθην	ἐπτύγην		
πτύω	spit	πτύσω	ἔπτυκα, L.	ἔπτυσμαι	ἔπτυσα, ἐπτύσθην	ἐπτύην		
πυκάζω	cover up	πυκάσω	.	πεπύκασμαι	ἐπύκασα, ἐπυκάσθην			
πυνθάνο-μαι, πεύθομαι, Poet.	know, inquire	πεύσομαι πευσοῦμαι, r.	.	πέπυσμαι	.	ἐπυθόμην		2 aor. Ep. πεπυθόμην. Imper. Ion. πύθευ for πυθοῦ
πυρέσσω -ττω	have fever	πυρέξω	πεπύρεχα	.	ἐπύρεξα	.		
ῥαίνω	sprinkle	ῥανῶ	.	ἔρρασμαι ἔρραμαι, L.	ἔρρανα, ἐρράνθην -ηνα, Ion.	.		ἐρράδαται 3 pl. perf. pass. ἔρρασσα 1 aor. Ep.
ῥαίω	destroy	ῥαίσω	.	.	ἔρραισα, ἐρραίσθην	.		
ῥαπίζω	scourge	ῥαπίσω	.	ῥεράπισμαι	ἐρράπισα, ἐρραπίσθην	.		
ῥάπτω	stitch, sew	ῥάψω	.	ἔρραμμαι	ἔρραψα, ἐρράφθην ῥαψα, Ep.	ἐρράφον, L. ἐρράφην		
ῥάσσω	throw down	ῥάξω	.	.	ἔρραξα, ἐρράχθην	.		See ἀράσσω and ῥήσσω
ῥέζω	do	ῥέξω	.	.	ἔρεξα, ἐρέχθην ῥέξα, Poet.	.		Imp. freq. ῥέξεσκον. See ἔρδω
ῥέω	flow	ῥεύσομαι ῥυήσομαι	ἐρρύηκα	ἔρρευσμαι	ἔρρευσα	ἐρρύην		
(ῥέω)	say	.	εἴρηκα	εἴρημαι	ἐρρήθην, ἐρρέθην, Ion. εἰρέθην, ἐρρήθην (η)	.		F. pass. ῥηθήσομαι, P.-p. f. εἰρήσομαι. See εἴρω
ῥήγνῡμι ῥήγνυω	break	ῥήξω	.	ἔρρηγμαι	ἔρρηξα, ἐρρήχθην	ἐρράγην	ἔρρωγα	Imp. freq. ῥήγνυσκε. Poet. form ῥήσσω
ῥίγέω	shudder	ῥιγήσω	.	.	ἐρρίγησα, ῥίγησα	.	ἔρριγα	Dat. perf. part. ἐρρίγοντι

ῥιγόω—σκοπέω.

VERBS.	English.	Future.	Perfect.	Perf. pass.	1st Aorist.	2nd Aorist	2nd Perfect.	Remarks, &c.
ῥιγόω	shiver with cold	ῥιγώσω	ἐρρίγωκα	. .	ἐρρίγωσα	. .	. .	Contracts in ω and ῳ instead of the regular ου and οι, as infin. ῥιγῶν for ῥιγοῦν, subj. ῥιγῷ for ῥιγοῖ, opt. ῥιγῴη for ῥιγοῖ
ῥίπτω -έω	throw	ῥίψω	ἔρριφα	ἔρριμμαι	ἔρριψα, ἐρρίφθην ἔριψα, Poet. ῥίψε	ἐρρίφην ἐρίφην, Poet.	. .	Imp. ῥίπτασκον freq. Ep. P.-p. f. ἐρρίψομαι. F. pass. ῥιφθήσομαι. Perf. p. inf. ῥερίφθαι.
ῥοιζέω	whizz	ῥοιζήσω	. .	. .	ἐρροίζησα, ῥοίζησα	. .	. .	Imp. freq. ῥοίζεσκε. Pl. pass. ἐρροίζητο
ῥοφέω ῥύομαι	sup up defend	ῥοφήσω, -ομαι ῥύσομαι	. .	. .	ἐρρόφησα ἐρρυσάμην, ῥυσάμην	. .	. .	Imp. 2 sing. ῥύσκευ, freq. Ep. Inf. ῥῦσθαι for ῥύεσθαι. ἐρρῦτο 3 sing. imp. as aor.
ῥώννυμι ῥωννύω ῥώομαι	strengthen hasten	ῥώσω ῥώσομαι	. .	ἔρρωμαι	ἔρρωσα, ἐρρώσθην ἐρρωσάμην	. .	. .	F. p. ῥωσθήσομαι. Imper. ἔρρωσο, farewell. Inf. ἐρρῶσθαι
σαίνω σαίρω	fawn sweep	σανῶ σαρῶ	. .	. .	ἔσηνα, ἔσανα ἔσηρα	. .	σέσηρα	2nd perf. I snarl, grin. Part. σεσηρώς. Dor. σεσάρως. Fem. Ep. σεσάρυια
σαλπίζω	sound a trumpet	σαλπίγξω σαλπίσω, L -τῶ	. .	. .	ἐσάλπιγξα (ἐσάλπισα) σάλπιγξα	. .	. .	
σαόω, Ep. σάττω σάω	preserve equip sift	σαώσω σάξω, -σω	. .	σέσαγμαι σέσημαι σέσησμαι	ἐσάωσα, ἐσαώθην ἔσαξα, ἔσασα ἔσησα	. .	. .	See σώζω 3 plup. pass. pl. Ion. ἐσεσάχατο 3 pl. pres. σιῶσι. Common form of pres. σήθω

σβέννῡμι extinguish	σβέσω	ἔσβηκα	ἔσβεσμαι	ἔσβεσα, ἐσβέσθην	ἔσβην		
σβέννῠω	σβήσομαι				ἔσβᾱν, Dor.		
σεβίζω reverence	σεβίσω, -ῶ Att.			ἐσέβισα, ἐσεβίσθην			
σείω shake	σείσω	σέσεικα	σέσεισμαι	ἔσεισα, ἐσείσθην			Sync. 3 s. p. σεῦται, 3 pl. p. σοῦνται. Imper. σούσθω. Imp. ἔσσευον: generally takes σσ in augmented tenses
σεύω, move, urge			σέσυμαι	ἔσσευα, ἐσσύθην			
Poet.			ἔσσυμαι	σευάμην, Μ., ἔσυθην			Inf. perf. p. σεσήμανθαι
σήθω (see σάω)							
σημαίνω show	σημᾰνῶ	σεσήμαγκα, L	σεσήμασ- μαι	ἐσήμηνα, ἐσήμᾱνα ἐσημάνθην			
	-έω, Ion.						
σήπω corrupt	σήψω		σέσημμαι	ἔσηψα, ἐσήφθην, L	ἐσάπην	σέσηπα	F. pass. σῠγηθήσομαι. P.-p. fut. σεσίγησομαι
σιγάω be silent	σιγήσω, L.	σεσίγηκα	σεσίγημαι	ἐσίγησα, ἐσιγήθην			
	σῐγήσομαι		-άμαι, Dor.	-άθην, Dor.			In Att. and Homer only pres. and imp.
σίνομαι injure	σῐνήσομαι		σέσιμμαι	ἐσῑνάμην			F. pass. σιωπηθήσομαι
σιωπάω be silent	σιωπήσομαι	σεσιώπηκα	σεσιώπημαι	ἐσιώπησα, ἐσιωπήθην			
σκάπτω dig	σκάψω	ἔσκαφα	ἔσκαμμαι	ἔσκαψα			This verb is often found in Epic writings without σ
σκεδάννῡμι scatter	σκεδάσω		ἐσκέδασμαι	ἐσκέδασα, ἐσκεδάσθην	ἐσκεδάφην		
-νύω	σκεδῶ, Att.						
	-ᾷς, -ᾷ, &c.						
σκέλλω dry up	σκελῶ, -έω	ἔσκληκα		ἔσκηλα, σκήλεις, Ep.	ἔσκλην		More in use in pass. σκέλλομαι. Fut. -οῦμαι. Part. perf. syn. ἔσκληος. Fut. p. σκλήσομαι.
-έω							
σκέπτομαι view	σκέψομαι		ἔσκεμμαι	ἐσκεψάμην, ἐσκέφθην	ἐσκέπην, L		P.-p. fut. ἐσκέψομαι. For pres. and imp. Attics used σκοπέω
σκευάζω prepare	σκευάσω	ἐσκεύακα	ἐσκεύασμαι	ἐσκεύασα, ἐσκευάσθην			
σκήπτω prop	σκήψω	ἔσκηφα	ἐσκημμαι	ἐσκήψαμην ἐσκήφθην			3 pl. perf. p. ἐσκευάδαται
σκίδνημι scatter				ἐσκυδνάσθην			See σκεδάννυμι Imp. pass. ἐσκιδνάμην
σκοπέω see, view	σκοπήσω, L		ἔσκεμμαι	ἐσκόπησα, ἐσκεψάμην ἐσκέφθην			P.-p. f. ἐσκέψομαι. Tenses from σκέπτομαι
	σκέψομαι						

46 σκόπτω—ταλάω.

VERBS.	English.	Future.	Perfect.	Perf. pass.	1st Aorist.	2nd Aorist.	2nd Perfect.	Remarks, &c.
σκώπτω	jeer	σκώψω	. .	ἔσκωμμαι	ἔσκωψα, ἐσκώφθην	. .	. .	
σμάω	anoint	σμήσω	. .	. .	ἔσμηρα, -ηξα	ἐσμώγην, L.	. .	Contr. in η, as pres. σμῶ, σμῇς, &c. Inf. σμῆν
-έω, Ion.		-άσω, Dor.			-ασάμην, Dor.			
σμύχω	burn	σμύξω	. .	ἔσμυγμαι	ἔσμυξα, ἐσμύχθην	. .	. .	
σπάω	draw	σπάσω	ἔσπακα	ἔσπασμαι	ἔσπασα, ἐσπάσθην	. .	. .	F. pass. σπασθήσομαι
σπείρω	sow, scatter	σπερῶ	ἔσπαρκα, L.	ἔσπαρμαι	ἔσπειρα, ἐσπάρθην	ἐσπάρην	ἔσπορα	F. pass. σπαρθήσομαι
σπένδω	pour	σπείσω	ἔσπεικα, L.	ἔσπεισμαι	ἔσπεισα, ἐσπείσθην	. .	. .	Pres. subj. Ep. σπένδῃσθα
σπεύδω	speed	σπεύσω	. .	ἔσπευσμαι	ἔσπευσα	. .	. .	
σπουδάζω	be eager	σπουδάσω, L.	ἐσπούδακα	ἐσπούδασμαι	ἐσπούδασα	. .	. .	
(σταθμάω) measure -έομαι		σταθμήσω	. .	. .	ἐσταθμησα	. .	. .	
στείβω	tread	. .	. .	ἐστίβημαι	ἔστειψα	ἔστιβον ἐστίβην	. .	Imp. ἔστιβον, στεῖβον
στέλλω	send, send for	στελῶ στελέω, Ep.	ἔσταλκα	ἔσταλμαι	ἔστειλα, ἐστάλθην, r.	ἐστάλην	. .	ἐσταλάδατο, 3 pl. pluper. for ἐστάλατο ?
στενάζω	groan	στενάξω	. .	ἐστέναγμαι	ἐστέναξα	. .	. .	
στέργω	love	στέρξω	. .	ἔστεργμαι	ἔστερξα, ἐστέρχθην	. .	ἔστοργα	
στερέω	deprive	στερήσω -έσω	ἐστέρηκα	ἐστέρημαι	ἐστέρησα, ἐστερήθην ἐστέρεσα, Ep.	ἐστέρην	. .	F. pass. στερηθήσομαι. Pass. pres. also στέρομαι, I am without
στεροῦμαι								
στέφω	encircle	στέψω	. .	ἔστεμμαι	ἔστεψα, ἐστέφθην	. .	. .	
στηρίζω	support, fix	στηρίξω -σω, -ιῶ	. .	ἐστήριγμαι	ἐστήριξα, ἐστηρίχθην -σα, L	. .	. .	
στίζω	prick	στίξω	. .	ἔστιγμαι	ἔστιξα	. .	. .	Infin. per. ἐστίχθαι

στορέννυμι spread, lay	στορέσω στορῶ, Att.	. .	ἐστόρεσα, ἐστόρεσμαι	ἐστόρεσα, ἐστόρεσθην ἐστορήθην	. .	Imper. στόρνῡ for στόρνῡθι
στόρνυμι out στρώννυμι στρωννύω	στρωννύσω στρώσω	ἔστρωκα	ἔστρωμαι	ἔστρωσα, ἐστρώθην	. .	
στρέφω turn	στρέψω	ἔστροφα	ἔστραμμαι	ἔστρεψα, ἐστρέφθην	. .	1 aor. Dor. and Ion. ἐστράφθην
στυγέω hate, dread	στυγήσω	ἐστύγηκα	ἐστύγημαι, L.	ἐστύγησα, ἐστυγήθην ἔστυξα	ἐστράφην ἐστύγον	1 aor. has the meaning, made terrible
συλλέγω gather, collect	συλλέξω	συνείλοχα	συνείλεγμαι συλλέλεγμαι	συνέλεξα, συνελέχθην	συνελέγην	
συναντάω meet with, -έω, Ion. happen	συναντήσω, L.	συνήντηκα, L.	. .	συνήντησα	συναντήτην, 3 Dual?	Imp. 3 dual Ep. συναντήτην
συρίζω play on a -ίττω pipe	συρίξω, -ομαι -σω, -ῶ	. .	ἐσύριγμαι	ἐσύριξα -σα, L.	. .	συρίσδω, Dor. pres.
σύρω draw	συρῶ	σέσυρκα	σέσυρμαι	ἔσῡρα	ἐσύ ρην	
σφάζω slay -ττω, Att.	σφάξω	. .	ἔσφαγμαι	ἔσφαξα, ἐσφάχθην	ἐσφάγην	Perf. in comp. σεσύρηκα
σφάλλω trip up, deceive	σφαλῶ	ἔσφαλκα	ἔσφαλμαι	ἔσφηλα ἔσφαλα, Dor.	ἐσφάλην	
σφίγγω bind, fasten σχάζω cut open σχάω	σφίγξω, L. σχάσω	. .	ἔσφιγμαι ἔσχασμαι	ἐσφιγξα, ἐσφίγχθην ἔσχασα, ἐσχάσθην	. .	Imp. ἔσχων. 3 pl. imp. ἐσχάζοσαν
σώζω save	σώσω	σέσωκα	σέσωμαι -σμαι	ἔσωσα, ἐσώθην -σθην .	. .	F. pass. σωθήσομαι Epic forms σαόω, σώω
σώζω, Dor.	σώξω, Dor.	. .	. .	ἔσωξα, Dor.	. .	
ταλάω bear, suffer (τλάω, syn.)	τλήσομαι τλά σομαι, Dor.	τέτληκα	. .	ἐτάλασσα, Ep.	ἔτλην (5) ἔτλαν, Dor.	No present or imp. in use. Opt. perf. τετλαίην. Imper. τέτλαθι. (Perf. pl. τέτλᾱμεν, -ᾰτε, &c.) Perf.part.τετληώς

NOTE 5. Like ἕστην, subj. τλῶ, imp. τλῆθι, opt. τλαίην, inf. τλῆναι, part. τλάς.

47

τανύω—τύπτομαι.

VERBS. English.	Future.	Perfect.	Perf. pass.	1st Aorist.	2nd Aorist.	2nd Perfect.	Remarks, &c.
τανύω (Ep. stretch of τείνω)	τανύσω -ύσσω -ύω	. . .	τετάνυσμαι	ἐτάνυσα, ἐτανύσθην τάνυσα ἐτάνυσσα	. . .	. . .	P.-p. f. τετανύσσομαι. 3 sing. pres. pass. τάνυται, as from τάνυμαι
ταράσσω disturb -ττω, Att.	ταράξω	τετάραχα τέτρηχα, Ep.	τετάραγμαι	ἐτάραξα, ἐταράχθην	. . .	. . .	
ταρχύω bury	ταρχύ́σω	. . .	. . .	ἐτάρχῡσα, ταρχῡ́θην	. . .	. . .	
τάσσω arrange -ττω, Att.	τάξω	τέταχα	τέταγμαι	ἔταξα, ἐτάχθην	ἐτάγην, rare	. . .	P.-p. f. τετάξομαι. 3 pl. perf. pass. τετάχαται, Ion., sometimes Att.
τέγγω wet	τέγξω	. . .	. . .	ἔτεγξα, ἐτέγχθην			
τέθηπα (see θάπω)							
τείνω stretch	τενῶ	τέτᾰκα	τέτᾰμαι	ἔτεινα, ἐτάθην			
τειχίζω build a wall	τειχιῶ	τετείχικα	τετείχισμαι	ἐτείχισα, ἐτειχισάμην, M. (σσ) ἐτειχίσθην			
τελευτάω end, fulfil	τελευτήσω	τετελεύτηκα	τετελεύτησμαι	ἐτελεύτησα -άσα, Dor. ἐτελευτήθην			
τελέω finish, accomplish -έω, Ep.	τελέσω -σω, Ep. -έω, Ion. τελῶ, Att.	τετέλεκα	τετέλεσμαι	ἐτέλεσα, ἐτελέσθην -σσα			
τέλλω (6) perform	τελῶ -σω, Æol.	τέτἄλκα	τέτᾰλμαι	ἔτειλα, ἐτάλθην -λσα, Æol.			
τέμνω cut, despise τάμνω, Ion. τέμνω, Dor.	τεμῶ -έω, Ion.	τέτμηκα	τέτμημαι	ἐτμήθην	ἔταμον ἔτεμον ἐταμόμην ἐτεμόμην		F. pass. τμηθήσομαι, L. Perf. part. Ep. τετμηώς. P.-p. f. τετμήσομαι. 2 aor. unaugmented by Homer. Perf. p. conj. τέτμορθον

τέρψω	. . .	. . .	. . .	ἔτερψα, ἐτέρφθην ἐτάρφθην, Ep.	ἐτάρπην, Ep. ταρπῆν ἐταρπόμην ἐτάρπην	Inf. aor. ταρπήμεναι and ταρπῆναι. Subj. Ep. τραπείω for ταρπῶ, 2 aor. Ep. τεταρπόμην 2 aor. inf. τερσῆμεναι, Ep. for τερσῆναι. Pres. not found 1 aor. late ἐτέρρανα
τέρσω	. . .	. . .	. . .	ἔτερσα, L.		
τετραίνω -νέω, Ion.	τέτρηκα	. . .	τέτρημαι	ἐτέτρηνα, ἐτετράνθην		P.-p. f τετρύξομαι
τεύξω	τέτευχα	. . .	τέτυγμαι τέτευγμαι, L.	ἔτευξα, ἐτύχθην ἐτεύχθην, Ion.	τετυκεῖν, Inf τετυκόμην, Ep.	
τεχνήσομαι	. . .	. . .	τετέχνημαι	ἐτέχνησα, rare		
τήξω τάξω, Dor.	. . .	. . .	τέτηγμαι	ἔτηξα, ἐτήχθην	ἐτάκην	τέτηκα τέτακα, Dor.
τηρήσω θήσω	τετήρηκα τέθεικα τέθεκα, Dor.	. . .	τετήρημαι τέθειμαι τέθεμαι, Dor.	ἐτήρησα, ἐτηρήθην ἔθηκα, ἔθεθην ἐθηκάμην, Ion. & Dor.	ἔθην, ἐθέμην	. . .	F. pass. τεθήσομαι. Imp. ἐτίθην. 2 s. pr. indic. τίθησθα in Homer. 3 pl. τιθεῖσι, Hom.; Att. and Ion. τιθέασι. Imp. Ion. τίθεσκον and ἐτίθεα
τέξω, τεκοῦμαι, Poet. τέξομαι, comm.	. . .	. . .	τέτεγμαι τέτογμαι, L.	ἔτεξα, r. (?) ἐτέχθην	ἔτεκον ἐτεκόμην	τέτοκα	F. pass. τεχθήσομαι
τιλῶ	. . .	. . .	τέτιλμαι	ἔτιλα, ἐτίλθην		
τιμήσω	τετίμηκα	. . .	τετίμημαι	ἐτίμησα, ἐτιμήθην		. . .	F. pass. τιμηθήσομαι. P.-p. f τετιμήσομαι
τινάξω	. . .	. . .	. . .	ἐτίναξα, ἐτινάχθην		
τίσω	τέτικα	. . .	τέτισμαι	ἔτισα, ἐτίσθην		. . .	In. pres. and imp. ῐ in Attic, ῑ in Epic

Of rare occurrence in its simple form, generally comp., as ἀνατέλλω, ἐντέλλω. NOTE 7. Subj. ἐντέξῃ.

τιτράω—φαίνω.

VERBS.	English.	Future.	Perfect.	Perf. pass.	1st Aorists.	2nd Aorists.	2nd Perfect.	Remarks, &c.
τιτράω	bore	τρήσω	τέτρηκα	τέτρημαι	ἔτρησα	. . .	. . .	See τετραίνω
τιτρώσκω	wound	τρώσω	. . .	τέτρωμαι	ἔτρωσα, ἐτρώθην	. . .	. . .	F. pass. τρωθήσομαι. P.-p. f. τετρώσομαι
τίω	value at, honour	τίσω	. . .	τέτιμαι	ἔτισα	. . .	. . .	Imp. ἔτιον, freq. τίεσκον
(τλάω)	bear	τλήσομαι	τέτληκα	. . .	. . .	ἔτλην	. . .	Imper. τλῆθι, see ταλάω
τμήγω	cut. (See τέμνω)	τμήξω	. . .	. . .	ἔτμηξα, ἔτμαξα, Dor.	ἔτμαγον ἐτμάγην ἐτμάγην, L.	. . .	ἔμαγεν, 3 pl. 2 aor. Ep. for ἐτμάγησαν
(τορέω)	pierce	τορήσω	. . .	τετορημένος L, part.	ἐτόρησα	ἔτορον τέτορον	. . .	Fut. also τετορήσω
τραχύνω τρηχύνω, Ion.	make rough	τραχυνῶ	τετράχυκα	τετράχυσ- μαι -υμαι	ἐτραχύνθην	. . .	. . .	
τρέπω τράπω, Ion.	turn	τρέψω τραψῶ, Dor.	τέτροφα τέτράφα	τέτραμμαι	ἔτρεψα, ἐτρέφθην ἔτραψα, Ion. ἐτράφθην, Ep. & Ion.	ἔτραπον ἐτράπην ἐτραπόμην	. . .	This verb has all the aorists
τρέφω τράφω, Dor.	nourish	θρέψω	τέτροφα τέτράφα	τέθραμμαι	ἔθρεψα, ἐθρέφθην	ἔτραφον ? ἐτράφην	. . .	τραφέμεν, Inf 2 aor.
τρέχω τράχω, Dor.	run	δραμοῦμαι -έομαι, Ion. θρέξω, -ομαι, L. δραμῶ, L.	δεδράμηκα	δεδράμμαι	ἔδρεξα	ἔδραμον	δέδρομα	Aor. freq. θρέξασμον. Dor. fut. θραξοῦμαι and θραξοῦμαι
τρέω	tremble	τρέσω	. . .	. . .	ἔτρεσα, τρέσσα, Poet.	. . .	. . .	
τρίβω	rub	τρίψω	τέτριφα	τέτριμμαι	ἔτριψα, ἐτρίφθην	. . .	. . .	
τρύχω	waste	τρύξω	. . .	τετρύχωμαι	ἐτρύχωσα, ἐτρυχώθην	ἐτρύβην	. . .	

τρύω τρώγω	rub, wear eat	τρύσω τρώξομαι	. .	τέτρυμαι . .	τέτρυμαι τέτρωγμαι	ἔτρωξα	ἐτράγον ἐτράγην ἔτυχον	. . Pl.-per. Ion. ἐτετεύχεα, Ep. 2 aor. conj. τύχωμι
τυγχάνω	obtain, hit, happen	τεύξομαι	τέτυχηκα τέτευχα, Ion. τέτυχα	.	τέτυγμαι	ἔτυχησα, ἐτεύχθην		
τύπτω	strike	τύψω, L. τυπτήσω, Att.	τέτυφα τετύπτηκα, L.	τέτυμμαι, -ύπτημαι, L.	ἔτυψα, ἐτύφθην τύψα, Hom. ἐτυπτήθην, L.	ἔτυπον ἐτύπην		
τύφω	smoke, burn	θύψω	.	τέθυμμαι τέθυμμαι	ἔθυψα	ἐτύφην	.	
τωθάζω	taunt	τωθάσομαι	.	.	ἐτώθασα			
ὑβρίζω ὑγιαίνω	insult am in health	ὑβρίσω, ὑβρίω ὑγιανῶ	ὕβρικα	ὕβρισμαι .	ὕβρισα, ὑβρίσθην ὑγίανα, ὑγιάνθην ὑγίηνα, -ασθην, Ion.	.	F. pass. ὑβρισθήσομαι
ὑπείκω (ὑποείκω, Hom.) ὑπισχνέομαι	yield promise	ὑπείξω, -ομαι. ὑποείξω, Hom. ὑποσχήσομαι	. .	. . ὑπέσχημαι	ὑπεῖξα ὑπόειξα ὑπεσχέθην	. . ὑπεσχόμην	ὑπείκαθον	Imp. ὑπείκον, ὑπόεικον Rarely found in poetry. 2 aor. m. imper. ὑπόσχου
ὑπιόχο- -ομαι. Poet. and Ion.								
ὑστερέω ὑστερίζω	am later	ὑστερήσω ὑστεριῶ, Att.	ὑστέρηκα	.	ὑστέρησα, ὑστερήθην, L. ὑστέρισα	.		
ὑφαίνω	weave	ὑφανῶ	ὕφαγκα, L.	ὕφασμαι	ὕφηνα, ὑφάνθην -ανα, L	.	Imp. freq. ὑφαίνεσκον
ὕω	rain	ὕσω	.	ὗσμαι	ὗσα, ὑσθην	.	Imp. ὗον, Hom.
φαίνω	show	φανῶ φανήσομαι, M.	πέφαγκα	πέφασμαι 3 s. πέφανται, inf. πεφάνθαι	ἔφηνα, ἐφάνθην ἐφάανθην, Ep.	ἔφανον ἐφάνην	πέφηνα πέφανα, Dor.	3 pl. 1 aor. p. Ep. φάανθεν. Contr. from φαείνω. Fut. pass. πεφήσομαι

φατίζω—φρίσσω.

VERBS.	English.	Future.	Perfect.	Perf. pass.	1st Aorists.	2nd Aorists.	2nd Perfect.	Remarks, &c.
φατίζω	name	φατίσω, -ξω	. .	πεφάτισμαι	ἐφάτισα, ἐφατίσθην	. .	. .	Poet. & Ion.
φάω	shine	. .	. .	πέφαμαι		. .	. .	P.-p. f. πεφήσομαι
φάω	kill. (See φένω)	. .	. .			. .	. .	
φάω	say. (See φημί)	. .	. .			. .	. .	
φείδομαι	spare	φείσομαι πεφιδήσομαι, Ep. & Poet. φειδήσομαι	. .	πέφεισμαι	ἐφεισάμην	πεφιδόμην, red.	. .	
(φένω) Ep. kill				πέφυμαι		ἔπεφνον, πέφνον	. .	P.-p. f. πεφήσομαι
φέρω	bear	οἴσω	ἐνήνοχα	ἐνήνεγμαι ἐνήνεγμαι, Ion.	ἤνεγκα, ἠνέχθην ἤνεικα, ἔνεικα, Ion. ἤνεῖχθην	ἤνεγκον ἤνεικον, Ion. ἠνεγκόμην	. .	Imp. ἔφερον, φέρεσκε. F. pass. ἐνεχθήσομαι, οἰσθήσομαι. Ep. inf. 2 aor. ἐνεικέμεν, 1 aor. inf. ἀνῶσαι, 3 perf. p. s. προοῦσται
φεύγω	flee	φεύξομαι -οῦμαι	πέφευγα	πέφυγμαι	ἔφευξα	ἔφυγον	. .	Aor. 2 freq. φεύγεσκε. 2 Fut. φυγῶ, L. Perf. part. Ep. πεφυζότες
φημί φαμί, Dor.	say, speak	φήσω φασῶ, Dor.	. .	πεφασμένος Part.	ἔφησα, ἐφάθην ἔφασα, Dor.	ἔφην	. .	Imp. ἔφην. Like ἵστημι in pres. and imp., see App.
φθάνω	anticipate	φθύσω, L. φθήσομαι φθάξω, Dor.	ἐφθῦκα	. .	ἔφθῦσα, ἐφθάσθην ἔφθαξα, Dor.	ἔφθην|likeἔστην	. .	
φθέγγομαι,utter,speak		φθέγξομαι -οῦμαι, Dor.	. .	ἔφθεγμαι	ἐφθεγξάμην	. .	. .	
φθείρω	corrupt, destroy	φθερῶ -έω, Ion. -σω, Ep.	ἔφθαρκα	ἔφθαρμαι	ἔφθειρα -ρσα, L.	ἔφθαρον ἐφθάρην	ἔφθορα	F. pass. φθαρήσομαι. 3 perf. pass. pl. ἐφθάραται

φθίνω	waste, decay	. . .	ἐφθίνηκα	. . .	ἐφθίνσα . .	ἔφθιθον	ἐφθίμην, pl. perf.
φθίω	waste, de-stroy	φθίσω	ἔφθικα	ἔφθιμαι	ἔφθισα, ἐφθίθην	. .	
φθονέω	envy	φθονήσω	. . .	. . .	ἐφθόνησα, ἐφθονήθην	. .	F. pass. φθονηθήσομαι
φιλέω	love	φιλήσω, -άσω; Dor.	πεφίληκα	πεφίλημαι, L.	ἐφίλησα -ασα, Dor.	. .	P.-p. f. πεφιλήσομαι. 1 aor. mid. ἐφιλάμην
φιλοτιμέ-ομαι	love honour	φιλοτιμήσομαι	. . .	πεφιλοτί-μημαι	ἐφιλοτιμησάμην ἐφιλοτιμήθην	. .	
φιτύω	plant	φιτύσω	. . .	. . .	ἐφίτυσα	. .	Used in poetry for φυτεύω
φλάω	bruise	φλάσω, -σῶ	. . .	πέφλασμαι	ἔφλασα ἐφλάσθην	. .	
φλέγω	burn	φλέξω	. . .	πέφλεγμαι, L.	ἔφλεξα, ἐφλέχθην	ἐφλέγην	
φλίβω (Aeol. & Ion. for θλίβω)	squeeze	. . .	. . .	. . .	ἔφλυψα	ἐφλίβην	
φλύω	boil	φλύσω	. . .	. . .	ἔφλυσα, ἔφλυξα	. .	
φοβέω	terrify	φοβήσω	. . .	πεφόβημαι	ἐφόβησα, ἐφοβήθην	. .	F. pass. φοβηθήσομαι Ep. 3 sing. φορέχουν. φορή-ναι, Ep. inf. pres.
φορέω	carry	φορήσω -έσω, L.	πεφόρηκα, in comp.	πεφόρημαι	ἐφόρησα, ἐφορήθην -εσα	. .	
φορύνω -σδω, Dor. φοράζω	mix tell, point out	φράσω -σσομαι	πέφρακα	πεφόρυγμαι πέφρασμαι -δμαι	ἐφόρυξα ἔφρασα, ἐφράσθην	ἐπέφραδον πέφραδον	Aor. 2 mid. ἐφρασάμην (σσ)
φράσσω stop up, fence -ττω, Att.		φράξω	πέφραγα	πέφραγμαι	ἔφραξα, ἐφράχθην	ἐφράγην	Perf. p. sometimes πέφαργμαι
φρίσσω shudder -ττω		φρίξω	πέφρικα	. . .	ἔφριξα	. .	Dor. part. πεφρίκοντες

φροντίζω—χρίω.

VERBS. English.	Future.	Perfect.	Perf. pass.	1st Aorist.	2nd Aorist.	2nd Perfect.	Remarks, &c.
φροντίζω consider	φροντιῶ, -σω	πεφρόντικα	πεφρόντισμαι	ἐφρόντισα			
φρουρέω watch	φρουρήσω	. . .	πεφρούρημαι	ἐφρούρησα ἐφρουρήθην			
φρύγω roast -ττω	φρύξω φρύξῶ, Dor.	. . .	πέφρυγμαι	ἔφρυξα, ἐφρύχθην	ἐφρύγην		
φυλάσσω guard -ττω, Att.	φυλάξω	πεφύλαχα -ακα	πεφύλαγμαι	ἐφύλαξα, ἐφυλάχθην			
φυραω mix, knead	φυρᾶσω -ήσω, Ion.	. . .	πεφύραμαι -ημαι	ἐφύρᾶσα, ἐφυρᾶθην -ησα, -ήθην			
φύρω	φύρσω	. . .	πέφυρμαι	ἔφυρσα, ἐφύρθην			P.-p. f. πεφύρσομαι
φυτεύω plant	φυτεύσω	. . .	πεφύτευμαι	ἐφύτευσα ἐφυτεύθην			
φύω beget, produce	φύσω	πέφῡκα πέφυα, Ep.	. . .	ἔφῡσα	ἔφῠν ἔφυην		Irreg, imp. ἐπέφυκον. Æol. φυίω, ῠ in Hom. before a vowel. In Att. ῠ. Fut. p. φυήσομαι, L.
χάζομαι, Poet.	χάσομαι -σσομαι, Ep.	. . .	. . .	ἐχασάμην χασσάμην, Ep.			Fut. κεκαδήσω
χαίνω (see χάσκω)	. . .	. . .	. . .	. . .	κέκαδον κεκαδόμην, rod.		Late in pres.
χαίρω rejoice	χαιρήσω κεχαρήσω, Ep. χαρήσομαι, L.	κεχάρηκα	κεχάρημαι κέχαρμαι	ἐχαίρησα, L.	ἐχάρην		1 aor. Ep. χήρατο, aor. 2 red. κεχάροντο. P.-p. f. κεχαρήσομαι, or red. fut. mid. Perf. part. Ep. κεχαρηώς

χαρίζομαι gratify	χαροῦμαι	.	κεχάρισμαι	ἐχαρισάμην	.	.	Borrows some tenses from χαίνω
χάσκω gape	χανοῦμαι	κέχαγκα	.	.	ἔχᾰνον	κέχηνα κέχᾱνα, Dor.	
χέζω caco	χέσομαι, r. χεσοῦμαι	.	κέχεσμαι	ἔχεσα	ἔχεσον, r.	κέχοδα	
χειρόω handle, subdue	χειρώσομαι	.	κεχείρωμαι	ἐχείρωσάμην ἐχειρώθην	.	.	
χερνίπτο- wash hands μαι	χερνίψομαι	.	.	ἐχερνιψάμην ἐχερνίφθην	.	.	
χέω pour -έω, Ep.	χέω, Att., χεῶ, L., χεύω, Ep.	κέχῠκα	κέχῠμαι	ἔχεα, ἐχύθην ἔχευα, Ep., ἐχέθην, L.	ἐχύμην	.	F. pass. χυθήσομαι. 1 aor. mid. ἐχευσάμην
χολόω enrage, be angry	χολώσω	.	κεχόλωμαι	ἐχόλωσα, ἐχολώθην	.	.	
χορεύω dance	χορεύσω	κεχόρευκα	κεχόρευται	ἐχόρευσα, ἐχορεύθην	.	.	Per. pass. impersonal
χόω pile up	χώσω	κέχωκα	κέχωσμαι	ἔχωσα, ἐχώσθην	.	.	F. pass. χωσθήσομαι
χραισμεῖν avert, help	χραισμήσω	.	.	ἐχραίσμησα	ἐχραισμον	.	Epic
χράομαι use χρέομαι, Ion.	χρήσομαι	.	κέχρημαι	ἐχρησάμην, ἐχρήσθην	.	.	Epic p-p. f. κεχρήσομαι. Contracts in η instead of α in Att.
χράω give an oracular re-έω, Ep. sponse -είω, Ion.	χρήσω	κέχρηκα	κέχρημαι κέχρησμαι	ἔχρησα, ἐχρήσθην	.	.	Contracts in η instead of α
χρή it is necessary (impersonal)	χρήσει	.	.	ἔχρησε	.	.	Imp. ἐχρῆν, χρῆν. Opt. χρείη. Subj. χρῇ. Inf. χρῆναι. Part. χρεών
χρῄζω want, wish -ίζω, Ion. χρηΐσδω, Dor.	χρήσω -ήσω	.	.	ἔχρησα	.	.	Sometimes signifies to give an oracular response
χρίω anoint	χρίσω	.	κέχρισμαι κέχριμαι	ἔχρισα, ἐχρίσθην	.	.	Perf. part. κεχρίμενος. Inf. 1 aor. χρῖσαι

55

χρώζω—ὠφελέω.

VERBS.	English.	Future.	Perfect.	Perf. pass.	1st Aorist.	2nd Aorist.	2nd Perfect.	Remarks, &c.
χρώζω χρώννυμι, L.	touch, stain	χρώσω	κέχρωκα	κέχρωσμαι	ἔχρωσα, ἐχρώσθην	.	.	Poet. χροΐζω
χρώομαι χρωέω	be enraged go, contain	χρώσομαι χωρήσω	. κεχώρηκα	. .	ἐχωσάμην, χωσάμην ἐχώρησα	.	.	Fut. commonly χωρήσομαι
ψαύω ψάω	touch rub	ψαύσω ψήσω	. .	ἔψαυσμαι ἔψημαι -ημαι	ἔψαυσα, ἐψαύσθην ἔψησα, ἐψήσθην -ήθην	.	.	Contracts in η. F. pass. also ἔψημαι F. pass. ψευσθήσομαι. P.-p. f. ἐψεύσομαι
ψεύδω	deceive	ψεύσω	.	ἔψευσμαι	ἔψευσα, ἐψεύσθην	.	.	F. pass. ψηφισθήσομαι
ψηφίζω	vote, decree	ψηφίσομαι -οῦμαι	.	ἐψήφισμαι	ἐψήφισα, ἐψηφίσθην	.	.	F. pass. ψυχθήσομαι
ψύχω	cool, breathe	ψύξω	πέψυκα	ἔψυγμαι	ἔψυξα, ἐψύχθην	ἐψύχην ἐψύγην	.	
ὠθέω	push	ὠθήσω ὤσω, common	ἔωκα, L.	ἔωσμαι ὤσμαι, Ion.	ἔωσα, ἐώσθην ὦσα, Ep. and Ion. ὤθησα, L.	.	.	Imp. ἐώθουν, Attic, ὤθουν, Ep. and Ion. F. pass. ὠσθήσομαι
ὠνέομαι	buy	ὠνήσομαι	ἐώνηκα	ἐώνημαι	ἐωνησάμην (8) ὠνησάμην ἐωνήθην	.	.	Imp. ἐωνεόμην, ἐωνούμην, Att., ὠνεόμην, Ion.
ὠφελέω	aid, assist	ὠφελήσω	ὠφέληκα	ὠφέλημαι	ὠφέλησα, ὠφελήθην	.	.	F. pass. ὠφεληθήσομαι

Note 8. ἐπριάμην, Inf. πρίασθαι, used by pure writers for 1 aor.

GREEK VERBS, PART II.

ἀάω—ἀμπλακίσκω.

VERBS.	English.	Tenses in use.	VERBS.	English.	Tenses in use.
(ἀάω)	lead into error	Pres. ἀᾶται. Aor. 1 ἄασα, ἆσα, ἀάσαμην, contracted ἀσάμην, ἀάσθην Aor. 1 subj. ἀβροτάξομεν for -ξωμεν	ἀθερίζω	slight	Fut. -ίσω, -ίξω. Aor. 1 -ισσα, -ιξα
(ἀβροτάζω)	miss		αἴνυμαι	take	Imp. αἰνύμην
ἀγῡνέω	bring	Fut. -ήσω	ἀΐω	hear	Imp. ἄϊον, ἤϊον, L.
ἀγῑνώ	bring	Fut. ἀγῑνῶ	ἀκέομαι	heal, cure	Fut. -έσομαι, Att. -οῦμαι. Aor. ἠκεσάμην
ἀγοράομαι	harangue	Fut. -ήσομαι. Aor. 1 -ησάμην	ἀκηδέω	neglect	Fut. -έσω. Aor. 1 -εσα, ησα, L.
(ἀδέω)	satiate	Aor. 1 ἀδήσειε. Perf part. ἀδηκώς	ἀλαλάζω	raise the war-cry	Fut. -άξω and -άξομαι. Aor. 1 -αξα
ἀεικίζω	abuse	Fut. -ιῶ. Aor. 1 ἠείκισα. Pass. ἀεικίσθην. Aor. m. inf. ἀεικίσσασθαι	ἀλαπάζω	plunder	Fut. -άξω. Aor. 1 -αξα
ἀείρω	raise	Fut. ἀερῶ, ἀρῶ. Aor. 1 ἤειρα. Perf. ἄερμαι. Aor. pass. ἠέρθην	ἀλδαίνω	nourish	Fut. ἀνῶ. Aor. 1 ἤλδηνα, L. Aor. 2 ἤλδανον
ἀέξω	increase	Imp. not aug. Fut. -ήσω, L. Aor. 1 ἤέξησα, ἀεξήθην	ἀλέκω	ward off	Fut. -έξω, L. Aor. 1 ἤλεξα
ἀερτάζω	raise	Fut. -σω. Aor. 1 ἠέρτησε	ἀλέομαι	avoid	Contr. ἀλεῦμαι. Aor. 1 ἠλεάμην
(ἄἐω)	sleep	Aor. 1 ἄεσα, ἆσα	ἀλύσκω	avoid	Fut. -ξω, -ομαι. Aor. 1 ἤλυξα, ἄλυξα
ἄζω, -αίνω, L.	dry	Aor. 1 ἄζηνα (ἄζω, fear, pres. and imp.)	ἀλφαίνω	find	Aor. 2 ἦλφον
ἰηθέσσω	am unused	Fut. -έσω. Aor. 1 -εσα	ἀμιλλάομαι	strive, contend	Fut. -ήσομαι. Aor. 1 ἠμιλλησάμην. Pass. -ήθην. Perf. ἠμίλλημαι
ἄημι	blow	Imp. ἄην. Inf. ἀῆναι. Part. ἀείς	ἀμπλακίσκω	miss, err	Fut. ἀμπλακήσω. Perf. ἠμπλάκηται. Aor. 2 ἤμπλακον

58   ἀμπνέω—ἴσχω.

VERBS.	English	Tenses in use.	VERBS.	English	Tenses in use.
ἀμπνέω	recover breath	Imp. aor. 2 act ἄμπνυε, Aor. 2 sync. ἄμπνυτο. Aor. 1 ἀμπνύνθην. -υσθην, L.	ἀφύσσω	draw	Fut. ἀφύξω. Aor. 1 ἤφυσα, ἄφυσσα. Poet.
ἀμύττω, -ττω	scratch	Fut. -ξω	ἀχλύω	be dark	Fut. ἀχλύσω. Aor. 1 ἤχλῡσα
ἀμφιάζω	clothe	Aor. 1 ἠμφίασα, L. Perf. ἠμφίακα	βάζω	speak	Fut. βάξω. P.-per. βέβακται
ἀμφιάχω	scream	Only part. 2 perf. ἀμφιαχυῖα	βάσκω	go	Imp. only βάσκε
ἀμφιγνοέω	doubt	Aor. 1 ἠμφιγνόησα. Pass. ἀμφιγνο- ηθείς	βαύζω	bark	Fut. βαύξω
			βδέω		Fut. βδέσω
ἀναίνομαι	refuse	Aor. 1 ἠνηνάμην	βέομαι, Ep.	live	βέομαι, with future meaning. βέο- (Hom.)
ἀνηνοθε	sprung	Ep. red. perf.			
ἀντιβολέω	meet	Fut. -ήσω. Aor. 1 ἀντεβόλησα. Pass. ἀντιβοληθείς	βιβάζω	lift up	Fut. -άσω. Aor. 1 ἐβίβασθην. P pass. βεβίβασται. Fut. part. a. βιβῶν
ἀντιόομαι, Ion.	oppose	Fut. -ώσομαι. Aor. 1 ἠντιώθην	βληχάομαι -έομαι	bleat	Aor. 1 ἐβληχησάμην
ἀολλίζω	bring together	Aor. 1 ἀόλλισα. Pass. ἀολλίσθην	βλίττω	cut honeycomb	Fut. βλίσω. Ion. -σσω
ἀπύω, ἠπ- Ep.	utter a sound	Fut. -ύσω. Aor. 1 ἤπυσα	βλύζω, βλύω (βράχω)	bubble	Fut. βλύσω. Aor. 1 ἔβλυσα
ἄρδω	water	Fut. ἀρσω. Aor. 1 ἦρσα			
ἀρνῡμαι	win	Fut. ἀρούμαι. Aor. 2 ἠρόμην	βρίζω	feel drowsy	Aor. 2 ἔβραχε
ἀρτύνω	prepare	Fut. ἀρτυνέω. Aor. 1 ἤρτυνα, ἀρ- τύνθην	βριμάομαι	be enraged	Aor. 1 ἔβριξα
ἀσσάομαι	afflict	Act. part. ἀσῶν. Pass. aor. 1 ἠσήθην			Aor. 1 ἐβριμησάμην
ἀτίζω	disregard	Aor. 1 ἄτισσα	γανόω	make bright, delight	Aor. 1 γανώσας, ἐγανώθην. P. pass γεγάνωμαι
ἀτιμάω	dishonour	Fut. ἀτιμήσω. Aor. 1 ἠτίμησα, -ωσα, Dor.			
ἀττάλλω	rear up	Aor. 1 Ion. ἀτίτηλα	γέντο	take	3 p. sing. he took
ἀτύζω	terrify	Fut. ἀτύξω. Aor. 1 pass. ἀτυχθείς	γλίχομαι	desire	Aor. 1 ἐγλιξάμην
αὐδάζω	speak	Fut. αὐδάξω. Aor. 1 ηὔδαξα	γλυκαίνομαι	sweeten	Aor. 1 ἐγλυκάνθην. P. pass. γε- γλύκασμαι
αὐλίζομαι	encamp	Fut. αὐλίσομαι. Aor. 1 ηὐλισάμην, ηὐλίσθην			
αὐτέω	shout	Imp. αὔτευν, -εον. Aor. 1 ἤυτησα	γρύζω	grunt	Fut. γρύξω and γρύζομαι. Aor. 1 ἔγρυξα
ἀφάσσω	feel	Fut. ἀφάσω. Aor. ἤφασα			

VERBS.	English.	Tenses in use.	VERBS.	English.	Tenses in use.
δειμαίνω	fear	Fut. δειμανῶ	εὐλαβέομαι	take care of	Fut. εὐλαβήσομαι. Aor. 1 εὐλαβήθην. F. pass. εὐλαβηθήσομαι
δηριώ	contend	Fut. δηρίσω. Aor. 1 ἐδήρισα, δήρινθην	εὐωχέω	feast, entertain	Fut. -ήσω. P. pass. εὐωχημαι. Aor. 1 εὐωχήθην
διαίνω	wet	Fut. διανῶ. Aor. 1 ἐδίανα	ἔχθομαι	hate	P. pass. ἐχθημένος
διδόω	give	Fut. διδώσω			
δίκω, Poet.	fling	Aor. 2 ἔδικον	θαυμαίνω, Poet.	admire	Fut. -ανῶ, -έω, Ep.
δινεύω	turn round	Aor. 1 L. ἐδίνευσα	θάω, Ep.	suckle	Aor. 1 θῆσαι, ἐθησάμην, θησ-
δυσπαλίζω	fling about	Fut. -ίξω	θέλγω, Poet.	charm	Fut. θέλξω. Aor.1 ἔθελξα, ἐθέλχθην
δοάσσατο	it seemed	Hom. aor. mid. 3 conj. s. δοάσσεται			F. pass. θελχθήσομαι
δρύπτω	tear	Fut. δρύψω. Aor. 1 ἔδρυψα, ἐδρύφθην	θερμαίνω	warm	Fut. θερμανῶ. Perf. p. τεθέρμασμαι
		Perf δέδρυφα. P. pass. δέδρυμμαι	θέρομαι, Poet.	warm	Aor. 2 ἐθέρην
ἐγγυαλίζω	bestow	Fut. -ίξω. Aor. 1 -ίξα	θέσσασθαι	pray for	θέσσαντο, θεσσάμενος
ἔέργω, Ep.	shut out	for ἔργω, εἴργω. Aor. 2 ἐέργαθον.	θηλάζω	suckle	Fut. θηλάσω. Dor. θηλάξω. 1 Aor.
		P. pass. ἐεργμένος			ἐθήλαξα
(ἐλύω, Ep.)	compress	Aor. 1 ἐλύσθην	θηλύνω	make tender	Aor. 1 ἐθήλυνα. P. pass. τεθήλυσμαι
ἐνδοιάζω	doubt	Aor. 1 ἐνεδοίασα, ἐνεδοιάσθην			-λυμμαι. Aor. 1 ἐθηλύνθην
ἐνίπτω	reproach	ἐνίσσω. Aor. 2 ἐνένιπτον, ἐνένισπον	θρυλίσσω	crush	Aor. 1 θρυλίξας, θρυλίχθην
		ἐνένισπον, ἠνίπαπον			
ἐορτάζω or ἑορτ. Ion.	keep a festival	Fut. -άσω. Aor. 1 ἑώρτασα			
ἐράω	love	Pass. ἐράομαι. See ἔραμαι (in tables)	ἰαίνω, Poet.	warm	Fut. ἰανῶ. Aor. 1 ἴηνα, ἰάνθην
ἐρέω	row	Fut. ἐρέσω. Aor. 1 ἤρεσα	ἰάλλω, Poet.	send	Fut. ἰαλῶ. Aor. 1 ἰηλα
ἐρεύθω	make red	Fut. ἐρεύσω. Aor. 1 ἔρευσα, ἐρεύθην	ἰέω	send	Imp. ἴεις. 3 p. ἴουν
ἐρητύω	restrain	Fut. -ύσω. Aor. ἐρήτυσα, ἐρητύθην	ἰθύνω	guide straight	Aor. 1 ἴθυνα, ἰθύνθην
ἐρᾶ-, Dor.			ἰθύω	rush	Aor. 1 ἴθυσα
ἐρδαίνω	contend	Aor. 1 ἐριδήσασθαι	ἵλημι	be propitious	P. subj. ἰλήκω. Ἰλήκω. Imp. ἴληθι and ἴλαθι
ἐρπύζω, Poet.	creep	Aor. 1 εἱρπῦσα	ἱμάσσω, Ep.	strike	Fut. -άσω. Aor. 1 ἵμασα
ἐρυθαίνω	make red	Fut. ἐρυθήσω. Aor. 1 ἐρύθηνα	ἰσχυρίζομαι	contend	Fut. ἰσχυρίσομαι, -οῦμαι. Aor. 1 ἰσχυρισάμην
ἐρωέω, Ep.	flow	Fut. -ήσω. Aor. 1 ἠρώησα			
ἐσθέω	clothe	P. pass. ἐσθημένος, ἠσθημένος	ἴσχω	restrain	Perf. ἴσχηκα ?

κάζομαι—ὀτοτύζω.

Tenses in use.	VERBS.	English.	Tenses in use.
Perf. κέκασμαι, κεκαδμένος Dor.	κάζομαι, Poet. and Ion.	take	
Aor. 1 ἐκάπυσσα	λάζυμαι, Att.		
Aor. 1 κατηγνάλωσα, κατηγναλώθην. P. pass. κεκάττυμαι	λαπάζω	plunder	Fut. λαπάξω. Aor. ἐλάπαξα, ἐλαπάχθην
Fut. -ήσομαι Aor. 1 ἐκαυχησάμην. P. pass. κεκαύχημαι	λάπτω	lick	Fut. λάψω. Aor. 1 ἔλαψα. P. λέλαφα
Fut. κακάζω	λαφύσσω, -ττω	devour	Fut. -ύξω. Aor. ἐλάφυξα
2 perf. κεκαφηώς	λεαίνω	smoothe	Fut. λεᾶνω, Ep. λειήνω Aor. 1 ἐλέηνα, Ep. ἐλείηνα
Fut. κελαδήσω. Aor. 1 κελάδησα	λεύ-, Ep.		
Fut. κέλσω. Aor. 1 ἔκελσα	λεύσσω, Poet.	see	Fut. λεύσω, L. Aor. 1 ἔλευσα, L.
Fut. -ήσω. Aor. 1 ἐκέντησα, ἱκεντήθην. P. pass. κεκέντημαι	λάζομαι	bend	Aor. 1 ἐλιάσθην
Fut. -ίσω. Aor. 1 ἐκεραΐσα, -ξα	λίζω	twang	Aor. 1 λίγξε
	λιλαίομαι	long for	Perf. λελίημαι, λελίημαι
	λιπαίνω	make fat	Aor. 1 ἐλίπᾱνα, -ηνα. P. pass. λελίπασμαι
Imp. ἐκίρνων and ἐκίρνην	λιχμάω, -ζω	lick	Fut. λιχμήσομαι Aor. 1 ἐλιχμησάμην
(κλείω, Ep.) Aor. 1 ἔκλησε. Imp. ἔκλεον and κλεῖον	λοιδορέω	revile	Fut. -ήσω
Aor. 1 ἐπέκλωσα, ἐκλώσθην. P. pass. ἐπικέκλωσμαι	λῶ	I will	Pres. λῶ, λῇς, λῇ. 3 pl. λῶντι. Inf. λῆν
Fut. -ώσω. Aor. 1 ἐκοίνωσα, -ᾱσα, Dor.	μαιμάω, Poet.	desire eagerly	Aor. 1 μαίμησα
Aor. 1 κόρδῡνα	μαίομαι	desire	Fut. μάσομαι. Aor. 1 ἐμασάμην
Fut. -ίσω. Aor. 1 ἐκτενίσθην, L. P. pass. ἐκτένισμαι	μαλακίζομαι	am tender	Aor. 1 ἐμαλακίσαμην, ἐμαλακίσθην
Fut. κτερεΐζω	μαραίνω	make to wither	Aor. 1 ἐμάρᾱνα, ηνα, ἐμαράνθην. P. pass. μεμάραμμαι, -ασμαι. F. pass. μαρανθήσομαι
Fut. κτίσω. Aor. 1 ἔκτισα. Perf. pass. ἔκτισμαι			
Aor. 1 ἐκύδηνα, ᾱνα, Dor.	μάρναμαι, Poet.	fight	Aor. 1 ἐμαρνάμην. Pres. and imp. like ἵσταμαι. Aor. 1 ἐμαρνάσθην

VERBS.	English.	Tenses in use.	VERBS.	English.	Tenses in use.
μαστίζω, Ep.	lash	Aor. 1 ἐμάστιξα	νυστάζω	be drowsy	Fut. νυστάσω, -άξω, L. Aor. 1 ἐνύσταξα, -ξα
μέμαα (μάω)	desire eagerly	A 2nd perf. as pres. Pl. perf. μέμαμεν. Aor. 1 ἐμασάμην			
μέδομαι, Ep.	be concerned about	Fut. μεδήσομαι. Imp. μεδόμην	ὀδάζομαι, -έω	bite	Imp. ὤδαξον. Fut. ὀδάξομαι. P. pass. ὤδαγμαι. Aor. 1 ὠδαξάμην
μέμονα, Ep.	desire	A 2nd perf as pres.	ὀδυνάω	pain	Fut. -ήσω. Aor. 1 ὠδυνήθην
μερμηρίζω, Poet.	ponder	Fut. -ίξω. Aor. 1 -ξα and ἐμερμήρισα	οἰζύω	be wretched	Fut. -ύσω. οἴξυσα
μήδομαι	devise	Fut. μήσομαι. Aor. 1 ἐμησάμην	οἰκοφθορέω	ruin one's fortune	Aor. 1 οἰκοφθορήθην. P. pass. οἰκοφθόρημαι
μηνίω	be angry	Fut. -ίσω, -ιῶ. Aor. 1 ἐμήνῦσα	οἰνόω, -ομαι	intoxicate	Aor. 1 act. οἰνῶσαι. Pass. aor. 1 οἰνώθην. P. pass. οἰνωμένος, ὠνωμένος
μηρύομαι	draw out	Fut. -ύσομαι. Aor. 1 ἐμηρῡσάμην			
μητιάω-όω, Ep. -ίομαι	plan	Fut. ἴσομαι. Aor. 1 ἐμητισάμην	οἰστράω, -έω	persecute	Fut. οἰστρήσω. Aor. 1 οἴστρησα, ὦστ-, οἰστρήθην. P. pass. οἴστρημένος
μύζω, -έω, -άω	suck	Aor. 1 ἐμύζησα			
μύζω	mutter	Fut. μύξω. Aor. 1 ἔμυξα, -σα	ὀκέλλω	land	Imp. ὤκελλον. Aor. 1 ὤκειλα
μυθέω, Poet.	tell, speak	Fut. μυθήσομαι. Aor. 1 μυθησάμην, μυθήσας	ὁμαλίζω	level	Fut. ὁμαλιῶ. P. pass. ὠμάλισμαι
μύσσω, -ττω	blow the nose	Only in compounds	ὀνομαίνω	name	Aor. 1 ὠνόμηνα, ὀνόμηνα
μωμάομαι -έομαι, Ion.	blame	Fut. μωμήσομαι. Aor. 1 ἐμωμησάμην, ἐμωμήθην	οὖν-, Ion. ὄρημι, Æol. & Dor.	see	Part. ὀρείς. Mid. ὄρημαι
νέομαι, Poet. νίσσομαι	go, come	Contr. νεῦμαι. Imp. νεόμην. Fut. νίσομαι, νεί- (σσ), νείαι 2 sing. Subj. 2 sing. pres. νέηαι for νέῃ, νέομαι. Inf. νέεσθαι, νεῖσθαι	ὀρίνω	raise	Aor. 1 ὤρινα, ὠρίνθην, ὀρίνθην
			ὁρμίζω	anchor	Fut. -ίσω. Aor. ὡρμισάμην, ὡρμίσθην. P. pass. ὥρμισμαι
νηέω, Ep.	heap up	Imp. νήεον. Aor. ἐνήησα	ὀροθύνω	raise	Imp. ὀρόθυνον. Aor. 1 ὠρόθῡνα
νήχω, -ομαι	swim	Fut. νήξομαι	ὀροίω	rush	Fut. ὀροίσω. Aor. 1 ὤρουσα, ὄρουσα
νάχω, Dor.			ὀτοτύζω	lament	Fut. ὀτοτύξομαι. Aor. 1 ὠτότυξα (cry ὀτοτοῖ)
νίφω	snow	Fut. νίψω. Aor. ἔνιψα			

οὐρέω—ὠστίζομαι.

VERBS.	English.	Tenses in use.
οὐρέω	mingo	Fut. ἤσομαι. Aor. 1 ἐούρησα, οὔρησα Ion., οὔρηθην. P. ἐούρηκα, οὔ- Ion. Imp. ἐούρεον and οὔρεον Fut. ὀχθήσω. Aor. 1 3 pl. ὤχθησαν. Part. ὀχθήσας
ὀχθέω, Ep.	feel vexed	
παρηγορέω	soothe	Fut. παρηγορήσω. Aor. 1 παρηγόρησα
πειραίνω, Ep.	end, complete	Aor. 1 ἐπείρηνα. P. P. πεπείραται, see περαίνω
πελεμίζω, Poet.	shake	Aor. 1 πελέμιξα, πελεμίχθην
πέρδομαι	pedo	Fut. παρδήσομαι. 2 perf. πέπορδα. Aor. 2 ἔπαρδον
πέρνημι, Poet.	export	Ep. Imp. 3 sing. πέρνασκε. Part. περνάς
πιαίνω	fatten	P. p. πεπίασμαι. Aor. 1 ἐπιάνθην
πιδύομαι	gush forth	
πίτνω, Poet.	fall	For πίπτω. Imp. ἔπιτνον
πληθύω	to be full	Imp. ἐπλήθυον. Aor. 1 subj. πληθύῃ
ποιπνύ᾽ω, Ep.	bustle	Fut. ποιπνύσω, L. Aor. 1 ἐποίπνυσα. Imp. ποιπνύον, ἐποίπνυον
πορπάω	fetter	Aor. 1 ἐπόρπωσα. P. p. πεπορπημένος
πορσύνω	give	Fut. πορσυνῶ. Fut. Poet. πορσυνέω
προθυμέομαι	be eager	Fut. -ήσομαι. Aor. 1 προυθυμήθην. F. pass. προθυμηθήσομαι
πτάρνυμαι	sneeze	Aor. 1 ἔπταιρα. Aor. 2 ἔπτᾱρον, ἐπτάρην

VERBS.	English.	Tenses in use.
πτύρομαι	am afraid	Aor. 2 ἐπτύρην
πύθω	rot	Fut. πύσω. Aor. ἔπῡσα (ῡ)
πωλέομαι -εῖμαι, Ion.	go about	Fut. πωλήσομαι. Imp. πωλέσκετο
ῥέπω	bend, incline	Imp. ἔρρεπον, ἔρεπον, ῥέπον. Ep. Fut. ῥέψω. Aor. 1 ἔρρεψα
ῥυπαίνω	insult	Fut. ῥυπανῶ. Aor. 1 ἐρρύπανα
ῥυπάω -όω, Ep.	make foul	Imp. ἐρρύπων. P. pass. ῥερυπωμένος
σεβάζομαι,	revere	Aor. 1 ἐσεβάσθην. Aor. Ep. σεβάσσατο
σέβω		Aor. 1 ἐσέφθην. Imp. pass. ἐσεβόμην.
σίζω	hiss	Fut. σίσω and σίξω. Pf. σέσιγα
σκιάζω	shade	Fut. Att. σκιῶ. Aor. 1 ἐσκίασα
σκυζύομαι, Ep.	be angry	Aor. in comp. ἐπισκυνίσσατο
σόομαι	hasten	Contr. σοῦμαι. Dor. σοῦμαι
σόω, Ep.	save	Subj. σόῃς, σόῃ (see σαόω)
σπέρχω	drive, urge	Aor. 1 σπερχθείς. Imp. ἐσπέρχετο
στάζω, r.	drop	Fut. στάξω. Aor. 1 ἔσταξα
στέγω	defend	Aor. 1 ἔστεξα. Aor. 1 ἐστέχθην
στείχω, Poet. & Ion.	go	Aor. 1 ἔστειξα. Aor. 2 ἔστιχον
στεῦμαι	stand	3 sing. στεῦται. Pl. στεῦνται
στοναχέω,Poet.	lament	Fut. στοναχήσομαι. Aor. 1 ἐστυνάχησα

62

VERBS.	English.	Tenses in use.	VERBS.	English.	Tenses in use.
στοχάζομαι	aim	Aor. 1 ἐστοχασάμην. P. pass. ἐστόχασμαι	τέτρηχα (τύω)	am uproarious afflict	A 2nd perf. pl.-per: τετρήχειν Perf. part. τετρηώς. P. pass. τετήμαι
στρεβλόω	hoist	Fut. -ώσω. Aor. -ωσα. P. pass. ἐστρεβλῶσθαι Aor. 1 στρεβλωθείς	τιταίνω, Ep. τρίζω, Poet.	stretch chirp	Aor. 1 ἐτίτηνα Fut. τρίξω, -σω, L. 2 perf τέτρῑγα, τετρῐγώτες = -ότες
στροβέω	turn	Fut. -ήσομαι. Aor. 1 ἐστρόβησα. P. pass. ἐστροβημένος	φαντάζομαι	appear	Fut. φαντασθήσομαι Aor. ἐφαντάσθην
στυφελίζω	dash	Aor. 1 ἐστυφέλιξα	φέρβω, Poet.	feed	Perf. 2 πέφορβα. Pl.-per. ἐπεφόρβειν
στύφω	contract	Aor. 1 ἐστύφθην			
στύω	erect	Aor. 1 ἔστῡσα. Perf. ἔστῡκα	φημίζω (φλάζω)	say, tell burst	Aor. 1 ἐφήμισα, -ξα, Dor. Aor. 1 ἐφλᾰδον
συνοχωκώς, Ep.	come together	Perf. ὄχα, ὤχα. Att. red. ὄκωχα, ὄχωκα	φρέω	let pass	Fut. φρήσω. Aor. 1 ἔφρησα, ἐκφρήσθην
σφαγιάζω	slay	Imp. aor. 1 ἐσφαγυασάμην, ἐσφαγιάσθην			
σφετερίζω	appropriate	Fut. -ίσω. Aor. 1 ἐσφετέρισα, -ιξάμην Dor. M.	(χλάζω, Poet.) χραίνω	swell touch	Perf. 2 κεχλᾰδώς Fut. χρανῶ. Aor. 1 ἔχρᾱνα. Aor. 1 p. ἐχράνθην
τετᾰγών, Ep. τῇ, Ep. τεκμαίρομαι	seize take ordain	Red. aor. 2 (τάγω, τήγω) Imp. 2 sing. Fut. τεκμαροῖμαι. Aor. ἐτέκμηρα, ἐτεκμηράμην, M.	(χραύω)	graze	Aor. 1 ἔχραυσα, χραύσῃ
τερσαίνω, L. (τέρμω)	dry find	Aor. 1 τέρσηνα Aor. 2 Ep. ἔτετμον, τέτμον	ὠρύομαι ὠστίζομαι	howl am jostled	Fut. -ύσομαι Aor. 1 ὠρυσάμην Fut. ὠστιοῦμαι

APPENDIX.

GENERAL RULES FOR THE FORMATION OF TENSES.
ACTIVE VOICE.

I. The PRESENT TENSE contains the root or theme of the verb.

II. The IMPERFECT TENSE is formed from the Present by prefixing the augment and changing the termination ω into ον, as τύπτω, ἔτυπτον.

See observations and rules on augment, pages 68, 69.

III. The FUTURE TENSE is formed from the Present by changing the characteristics—

π, β, φ, πτ into ψω
κ, γ, χ, κτ „ ξω
τ, δ, θ „ σω
σσ, ττ, ζ „ σω and ξω
ω pure „ σω

Liquid Verbs (i. e. those with λ, μ, ν, ρ for a characteristic) form the Future by shortening the penultima if long, or rejecting the latter of two vowels or liquids, and circumflexing the last syllable, as σφάλλω, σφαλῶ; τέμνω, τεμῶ; φθείρω, φθερῶ.

Pure Verbs usually lengthen the characteristic vowel preceding the termination, as φιλέω, fut. φιλήσω. But many verbs retain the short vowel. When α is the characteristic, the future takes ᾱ if the preceding letter be ε, ι, or ο, as ἐάω, ἐᾱ́σω; if not, η, as τιμάω, τιμήσω (except ἀκροάομαι, which takes ᾱ).

Attic Future.—The Attic future is formed by dropping the σ of the future when the σω or σομαι is preceded by ᾰ, ε, ῐ, and contracting the vowels α and ε with the final ω into ῶ, and the vowel ο into ου, as τελέω (τελέσω), τελῶ, εἶς, εἶ, οῦμεν, εἶτε, οῦσι; ἐλάω (ἐλαύνω) (ἐλάσω), ἐλῶ, ᾷς, ᾷ, ῶμεν, ᾶτε, ῶσι; βιβάζω, βιβῶ, ᾷς, &c. ; κομίζω, κομιῶ, ιεῖς, &c. ; τελέομαι (τελέσομαι) τελοῦμαι, εἶ, εἶται; κομίζομαι, κομιοῦμαι, ιεῖ, ιεῖται, &c. When the vowel is ῑ, as the two vowels ιω are not capable of contraction, the ω is circumflexed (ῶ) and conjugated as if contracted.

Some dissyllables in έω form the future in εύσομαι, as θέω, νέω, πλέω, πνέω, and ῥέω : δέω makes δήσω, and χέω, χεύσω and perhaps χέω.

IV. The FIRST AORIST is formed from the first Future by prefixing the augment, and changing ω into α; as τύψω, ἔτυψα.

Liquid Verbs form the first aorist without the characteristic σ, but lengthen the vowel, and change ε into ει, as σπερῶ, ἔσπειρα, and α into η, as φανῶ, ἔφηνα; τίλλω, τιλῶ, ἔτιλα; σύρω, συρῶ, ἔσυρα. The following take ᾱνα instead of ηνα : Verbs in ραίνω (except τιτραίνω), αινω, ιαίνω (σημαίνω, καθαίρω, σαίνω have η or ᾱ). The aorists ἔθηκα, ἔδωκα, ἧκα, εἶπα, ἤνεγκα do not assume the characteristic of the future.

GENERAL RULES FOR THE FORMATION OF TENSES.

V. The Perfect is formed from the Future by prefixing the reduplication (see page 70), and changing ῶ and σω into κα (μῶ into μηκα), ξω into χα, ψω into φα; as ψάλλω, ψαλῶ, ἔψαλκα; τίω, τίσω, τέτικα; λέγω, λέξω, λέλεχα; τύπτω, τύψω, τέτυφα.

The simple augment is prefixed to those verbs which do not admit of reduplication.

Verbs of two syllables in λω, νω, ρω change ε of the future into a before κα; as στέλλω, στελῶ, ἔσταλκα.

Dissyllables in είνω, ίνω, ύνω drop the ν in forming the perfect; as τείνω, τενῶ, τέτακα.

The Perfect takes the syllabic augment in *verbs* in ρ, which always, after receiving the augment, double ρ; as ρίπτω, ρίψω, ἔρριφα.

The Pluperfect is formed from the Perfect by prefixing ε to the reduplication, and changing a into ειν; as τέτυφα, ἐτετύφειν. When the perfect takes the reduplication, the pluperfect receives the augment ε, but when the perfect is merely augmented, the root of pluperf. undergoes no change; as perf. ἐζήτηκα, pl.-per. ἐζητήκειν.

The Second Aorist is formed from the Present by prefixing the augment, changing ω into ον, and shortening the penultima by omitting the latter of two consonants; as τύπτω, ἔτυπον: by dropping ε before ευ and ει; as φεύγω, ἔφυγον; λείπω, ἔλιπον: by changing η, ω, αι, and ει of liquid verbs (if *dissyllables*), and ε before or after a liquid into a; as λήθω, ἔλαθον; τρώγω, ἔτραγον; φαίνω, ἐφάνην; σπείρω, ἐσπάρην; στέλλω, ἐστάλην. To this rule there are some exceptions, which will be found enumerated in the Catalogue.

The Second Perfect is formed from the Perfect, but takes the characteristic of the second aorist instead of that of the Perfect; as τέτυφα (ἔτυπον), τέτυπα.

The following changes take place from the penult. of the Pres. Act.:—

    a is changed into η; as θάλλω, τέθηλα
    αι   ,,   η ,, φαίνω, πέφηνα
    ει   ,,   οι ,, πείθω, πέποιθα.

Words of two syllables which have ε in the penult of the future change ε into ο; as σπείρω, σπερῶ, ἔσπορα.

PASSIVE VOICE.

The PRESENT is formed from the Present Active by changing ω into ομαι : τύπτω, τύπτομαι.

The IMPERFECT is formed from the Imperfect Active by changing ον into όμην : ἔτυπτον, ἐτυπτόμην.

The PERFECT is formed from the Perfect Active by changing
φα pure into μμαι
φα impure „ μαι
χα „ γμαι
γκα „ σμαι generally
κα „ μαι
κα „ σμαι if a short or doubtful vowel precedes it.
κα „ μαι if a long vowel or diphthong precedes it.

The PLUPERFECT is formed from the Perfect by changing μαι into μην, and prefixing the syllabic augment if the verb begin with a consonant; as τέτυμμαι, ἐτετύμμην.

The FIRST AORIST is formed from the 3 sing. Perfect Passive by changing ται into θην and omitting the reduplication; as τετίμηται, ἐτιμήθην. The soft mute preceding ται must be changed into its aspirate before θην; as τέτυπται, ἐτύφθην.

The SECOND AORIST is formed from the Second Aorist Active by changing ον into ην; as ἔτυπον, ἐτύπην.

The FIRST FUTURE is formed from the First Aorist by dropping the augment and changing ν into σομαι; as ἐτύφθην, τυφθήσομαι.

The SECOND FUTURE is formed from the Second Aorist by changing ην into ήσομαι, and dropping the augment; as ἐτύπην, τυπήσομαι.

The PAULO-POST FUTURE is formed from the Second Person Singular of the Perfect by changing αι into ομαι; as τέτυψαι, τετύψομαι.

MIDDLE VOICE.

The PRESENT and IMPERFECT Tenses are like the Passive.

The FUTURE is formed from the Future Active by changing ω into ομαι; as τύψω, τύψομαι. The Future of liquid Verbs is formed by changing ῶ into οῦμαι.

The FIRST AORIST is formed from the First Aorist Active by changing α into άμην; as ἔτυψα, ἐτυψάμην.

The SECOND AORIST is formed from the Second Aorist Active by changing ον into όμην; as ἔτυπον, ἐτυπόμην.

CONTRACT VERBS.

CONTRACT Verbs are those which have for their characteristic α, ε, or ο, which coalesce with the vowel following, and thus contract; as τιμ-ά-ω, τιμ-ῶ. Contraction takes place only in the *present* and *imperfect* tenses, as they are the only tenses which retain the characteristic vowel followed by another vowel.

Note the following contractions:—

αε = ᾱ	αο = ω	εε = ει	εω = ω	οε, οο, οου = ου
αη = ᾱ	αω = ω	εο = ου	εει = ει	οη, οω = ω
αει = ᾳ	αοι = ῳ	εη = η	εοι = οι	οῃ, οει, οοι = οι
αῃ = ᾳ	αου = ω	εῃ = ῃ	εου = ου	οειν = ουν, Inf.

Dissyllables in έω contract in ει, except δέω, *bind*.

Some verbs deviate from the general rules of contraction.—See Catalogue.

The Dorics change άεις into ῇς, άει into ῇ, and άειν into ῇν.

VERBS IN μι.

VERBS in μι are distinguished from the common conjugations by having in their *present, imperfect*, and *second aorist* a different termination, and no mood vowel. They spring from verbs in άω, έω, όω, ύω. Verbs in μι take reduplication, which is of two sorts. I. *Proper*,—i. e. when the verb begins with a single consonant, or a mute with a liquid, the first letter of the root is repeated with ι; as (θέω), τίθημι. II. *Improper*,—i. e. when the verb begins with πτ, στ, or an aspirated vowel, ι alone is prefixed; as (στάω), ἵστημι.

α is changed into η
ε   ,,   η } before μι.
ο   ,,   ω

The *Imperfect* tense is formed from the Present by prefixing the augment (*if possible*) and changing μι into ν; as τίθημι, ἐτίθην.

The *Second Aorist* is formed from the Imperfect by dropping the reduplication; as ἐτίθην, ἔθην. Before a consonant the *Improper* reduplication ι is changed into ε; as ἵστην, ἔστην.

In the compounds of ἵστημι the 2nd aor. imp. ends in ᾱ; as ἀπόστᾱ.

AUGMENT.

There are two Augments, the Syllabic and Temporal.

The Syllabic Augment is ε prefixed to the verb (in the Historical Tenses) when it begins with a consonant; as τύπτω, ἔ-τυπτον—thereby increasing the word a *syllable*.

The Temporal Augment is the lengthening of the vowel, if the verb begin with a vowel, and thus increasing the *time* or quantity required in its pronunciation; as ἄγω, ἦγον; ἀκούω, ἤκουον.

The Augments of ε, α, ῐ, ο, ῠ, αυ, αι, ᾳ, οι, are

η, η, ῑ, ω, ῡ, ην, ῃ, ῃ, ῳ.

ει, ευ, ου, η, ω, ῑ, ῡ are *not augmented* (except ει in εἰκάζω, ευ in εὔχομαι, ευ in καθεύδον, and in εὑρίσκω, ηὕρισκον, sometimes augmented by Attics).

Verbs beginning with ᾰ followed by a vowel take ᾱ *instead* of η; as ἄϊω, ἄϊον; except ἀείδω and ἀΐσσω: but those with ᾱ, αυ, or οι, followed by a vowel, do *not receive* the *augment;* as αὐαίνω, αὔαινον: οἴομαι has ᾠόμην.

Many verbs in οι take no augment.

The following take ει instead of η in some of the augmented tenses:—

ἐάω	ἑλκόω	ἕπομαι	ἑρπύζω
ἕζω	ἑλίσσω	ἕπω	ἕρπω
ἐθίζω	ἕλκω	ἐργάζομαι	ἑστιάω
ἔθω	ἕννυμι	ἐρύω	ἔχω
εἴρω			

The following take the *Syllabic* augment:—ἀγνῦμι, Aor. ἔαξα. ἁλίσκομαι, Pf. ἑάλωκα. ἀνδάνω, Imp. ἑάνδανον. οὐρέω, Imp. ἐούρουν. ὠθέω, Imp. ἐώθουν. ὠνέομαι, Imp. ἐωνούμην. The following take both the *syllabic* and *temporal:*— ὁράω, ἀνοίγω, ἁλίσκομαι. Ἑορτάζω augments in the second syllable, Imp. ἑώρταζον: also the following in the 2nd Pluperfect; as εἴκω, ἔοικα, ἐῴκειν; ἔλπω, ἔολπα, ἐώλπειν; ἔργω, ἔοργα, ἐώργειν.

In *Poetry* (except Attic) the augments are frequently omitted for the metre.

In *Ionic* and *Epic* the augment is sometimes dropped; and in those dialects the ε prefixed by other dialects to verbs beginning with a vowel is dropped.

The verbs βούλομαι, δύναμαι, and μέλλω take in the Attic dialect η as their augment instead of ε; as μέλλω, ἤμελλον.

Forms in σκον have no augment.

COMPOUND VERBS.

Verbs compounded with a preposition take the augment between the preposition and the verb. The final vowel of the preposition is elided except in περί and πρό (πρό is sometimes resolved in πρου); as

ἀπο-βάλλω	ἀπ-έβαλλον	ἀπο-βέβληκα
περι-βάλλω	περι-έβαλλον	περι-βέβληκα
προ-βάλλω	{ προ-έβαλλον προὔ-βαλλον	προ-βέβληκα

ἐν and σύν resume the ν if assimilated in composition or thrown away; as

ἐμ-βάλλω	ἐν-έβαλλον	ἐμ-βέβληκα
ἐγ-γίγνομαι	ἐν-εγιγνόμην	ἐγ-γέγονα
συρ-ρίπτω	συν-έρριπτον	συν-έρριφα
συλ-λέγω	συν-έλεγον	συν-είλοχα

Verbs compounded with δύς and εὖ take the augment at the *beginning*, if the simple verb begin with a consonant, or a vowel not capable of the temporal augment; as δυσ-τυχέω, ἐ-δυσ-τύ'χουν: but in the *middle* before the simple verb when it begins with a vowel capable of augment; as εὐ-εργετέω, εὐ-ηργέτουν (εὖ is generally unaugmented).

In other cases the augment is prefixed to the whole compound word; as μυθολογέω, ἐ-μυθολόγουν.

The following take the augment both before the preposition and the verb:—

ἀμπέχομαι	ἠμπειχόμην
ἀμφιγνοέω	ἠμφεγνόουν
ἀνέχομαι	ἠνειχόμην
ἀνορθόω	ἠνώρθουν
ἐνοχλέω	ἠνώχλουν
παροινέω	ἐπαρῴνουν

The augment before the preposition is often omitted by Homer and the Tragedians.

REDUPLICATION.

REDUPLICATION, which is the augment of the Perfect, consists of the repetition of the first letter of the root with ε prefixed. In verbs beginning with an aspirate the smooth is used in reduplication for the aspirate. All verbs beginning with a single consonant, except ρ, or with a mute or liquid, except γν, γλ, βλ, take the reduplication; those with a double consonant, or two consonants, not a mute and liquid, or ρ, γν, βλ, and γλ, have the simple augment; as

λύω	λέλυκα	ἐ-λελύκειν
θύω	τέθυκα	ἐ-τεθύκειν
ῥίπτω	ἔρριφα	ἐρρίφειν
σπείρω	ἔσπαρκα	ἐ-σπάρκειν

Those in γλ sometimes take reduplication.

ει supersedes the regular reduplication in λέγω (*collect*, εἴλοχα), λαμβάνω (εἴληφα), λαγχάνω (εἴληχα), ῥέω (εἴρηκα), μείρομαι (εἵμαρται).

ATTIC REDUPLICATION.

Several verbs beginning with α, ε, ο, followed by a consonant, repeat in the Perfect and Pluperfect the first two letters of the root before the temporal augment. This is called the Attic reduplication, although it is not used exclusively by writers in that dialect.

Examples:—ἀκούω, ἀκ-ήκοα; ἀλέω, ἀλ-ήλεκα; ἀρόω, ἀρ-ήροκα.

Some verbs also form the Second Aorist with the Attic reduplication. They augment the reduplication, not the vowel of the root; as ἄγω, ἤγαγον; φέρω, ἤνεγκον.

THE AORIST II., Act. and Mid., in the EPIC DIALECT, frequently takes the reduplication; as κεύθω, κέκευθον; μάρπτω, μέμαρπον.

SYNCOPATED PERFECTS.

Some perfects in the Dual and Plural append the terminations to the short root, and retain the short vowel.

Perfect—ἕστηκα.

	Singular.	Dual.	Plural.
Indicative—	ἕστηκα	ἕστᾰτον	ἕστᾰμεν
	ἕστηκας	ἕστᾰτον	ἕστᾰτε
	ἕστηκε		ἑστᾶσι

Imperative—ἕστᾰθι, ἑστά'τω, &c.
Subjunctive—ἑστῶ, ῇς, ῇ, &c.
Optative—ἑσταίην, ἑσταίης, &c.
Infinitive—ἑστάναι
Participle—ἑστώς, ῶσα, ὼς, ὀς. Gen. ἑστῶτος, ώσης, ῶτος

Pluperfect.

εἱστήκειν		ἕστᾰμεν
εἱστήκεις	ἕστᾰτον	ἕστᾰτε
εἱστήκει	ἑστά'την	ἕστᾰσαν

LIST OF SYNCOPATED PERFECTS.

βαίνω.   βέβηκα, -ας, -ε.   Pl. βέβᾰμεν, βέβᾰτε, βεβάασι, βεβᾶσι.   Part. βεβάως, βεβὼς

γίγνομαι.   γέγονα, -ας, -ε.   Pl. γέγαμεν, γέγᾰτε, γεγάασι.   Part. γεγὼς

δείδω.   δέδια, -ας, -ε.   Pl. δέδῐμεν, δέδῐτε, δεδίᾱσι.   Imp. δέδιθι.   Opt. δεδιείην.   Subj. δεδίω.   Inf. δεδιέναι.   Part. δεδιὼς, υἷα, ὸς

θνήσκω.   τέθνηκα, -ας, -ε.   Pl. τέθνᾰμεν, τέθνᾰτε, τεθνᾶσι.   Imp. τέθνᾰθι.   Inf. τεθνά'ναι.   Part. τεθνεὼς

τλῆναι.   τέτληκα, -ας, -ε.   Dual τέτλᾰτον, τέτλᾰτον.   Pl. τέτλᾰμεν, τέτλᾰτε, τετλᾶσι.   Imp. τέτλᾰθι.   Opt. τετλαίην.   Inf. τετλά'ναι.   Pluperf. ἐτέτλᾰτον, &c.

PARADIGMS OF CONJUGATION.

ACTIVE VOICE.

τύπτω, I strike.

	Indicative.			Imperative.			Optative.			Subjunctive.			Infinitive.	Participles.		
Present.	τύπτ-ω εις ει	ετον ετον	ομεν ετε ουσι	τύπτ-ε ετω	ετον ετων	ετε ετωσαν οντων	τύπτ-οιμι οις οιτο	οιτον οιτην	οιμεν οιτε οιεν	τύπτ-ω ῃς ῃ	ῃτον ῃτον	ωμεν ῃτε ωσι	τύπτ-ειν	τύπτ-ων N. ων G. οντος D. οντι	ουσα ούσης ούσῃ	ον οντος &c.
Imperfect.	έτυπτ-ον ες ε	ετον ετην	ομεν ετε ον													
Future.	τύψ-ω εις ει	ετον ετον	ομεν ετε ουσι				τύψ-οιμι οις οι	οιτον οίτην	οιμεν οιτε οιεν				τύψ-ειν	τύψ-ων N. ων G. οντος D. οντι	ουσα ούσης ούσῃ	ον οντος &c.
1st Aorist.	έτυψ-α ας ε	ατον άτην	αμεν ατε αν	τύψ-ον ατω	ατον άτων	ατε άτωσαν άντων	τύψ-αιμι (1) αις αι	αιτον αίτην	αιμεν αιτε αιεν	τύψ-ω ῃς ῃ	ῃτον ῃτον	ωμεν ῃτε ωσι	τύψ-αι	τύψ-ας N. ας G. αντος D. αντι	ασα άσης άσῃ	αν αντος &c.

Perfect.	τέτυφ-α			τέτυφ-ε			τετύφ-οιμι			τετύφ-ω			τετυφ-έναι	τετυφ-ώς
	α	ας	ατον	ε	ετον		οιμι	οις	οιτον	ω	ῃς	ητον		N. ώς υῖα ός
			ατε		έτω	ατον ᾶσι			οίτην			ητον		G. ότος υίας ότος
	αμεν			έτω	έτων		οιμεν	οιτον	οι	ωμεν	ητε	ῃ		D. ότι υίᾳ υίᾳ &c.
				ετε	έτωσαν	ειτην εισαν		οιτε	οίτην οιεν			ητον ωσι		
Pluperfect.	ἐτετύφ-ειν													
	ειν	εις	ειτον											
			είτην											
	ειμεν	ειτε	εισαν											
2nd Aorist.	ἔτυπ-ον			τύπ-ε			τύπ-οιμι			τύπ-ω			τυπ-εῖν	τυπ-ών
	ον	ες	ετον	ε	ετον		οιμι	οις	οιτον	ω	ῃς	ητον		N. ών οὗσα όν
			έτην		έτω				οίτην			η		G. όντος οὔσης όντος
	ομεν	ετε	ον	έτω	έτων		οιμεν	οιτον	οι	ωμεν	ητον	ητον ωσι		D. όντι οὔσῃ όντι &c.
				ετε	έτωσαν ὄντων			οιτε	οίτην οιεν					
2nd Future.	ἀγγελ-ῶ						ἀγγελ-οῖμι						ἀγγελ-εῖν	ἀγγελ-ών
	ῶ	εῖς	εῖτον				οῖμι	οῖς	οῖτον					N. ών οὗσα όν
			εῖτον						οίτην					G. οὔντος οὔσης οὔντος
	οῦμεν	εῖτε	οῦσι				οῦμεν	οῖτε	οῖεν					D. οὔντι οὔσῃ οὔσῃ &c.
2nd Perfect.	τέτυπ-α			τέτυπ-ε			τετυπ-οιμι			τετύπ-ω			τετυπ-έναι	τετυπ-ώς
2nd Pluperf.	ἐτετύπ-ειν													
							Terminations the same as the First Perfect.							

NOTE 1. Æolic 1 aorist, used partially by the Attics,

S. τύψεια -ειας -ειε
D. -ειατον -ειάτην
P. -ειαμεν -ειατε -ειαν

PASSIVE AND MIDDLE VOICES.

	Indicative.			Imperative.			Optative.			Subjunctive.			Infinitive.	Participles.		
Present.	τύπτ-ομαι	ῃ, ει	εται	τύπτ-ου	έσθω		τυπτ-οίμην	οιο	οιτο	τύπτ-ωμαι	ῃ	ηται	τύπτ-εσθαι	τυπτ-όμενος	η	ον
	ώμαι	εσθον	εσθον	ου·	εσθον		οίμην	οισθον	οισθην	ὦμαι	ησθον	ησθον		N. όμενος	η	ου
	ομεθα	εσθε	ονται	εσθε	εσθων		οίμεθα	οισθε	οιντο	ὤμεθα	ησθε	ωνται		G. ου	ης	η
					έσθων									D. ῳ	ῃ	ῳ &c.
Imperfect.	ἐτυπτ-όμην															
	ου	ἐσθον														
	όμεθον	εσθον	έσθην													
	όμεθα	εσθε	οντο													
Perfect.	τέτυ-μμαι	ψαι	πται	τέτυ-ψο	φθω		τετυ-μμένος εἴην	εἴης	εἴη	τετυ-μμένος ὦ	ῇς	ῇ	τετύ-φθαι	τετυ-μμένος	η	ον
	ψαι	φθον	φθον	φθω	φθων		μμένω εἴτην	εἴητον	εἰήτην	μμένω ἦτον	ἦτον	ἦτον		N. μμένος	η	ου
	μμεθα	φθε	μμένοι εἰσί	φθε	φθωσαν		μμένοι εἴημεν	εἴητε	εἰήσαν	μμένοι ὦμεν	ἦτε	ὦσι		G. ου	ης	η
					φθων									D. ῳ	ῃ	ῳ &c.
Pluperfect.	ἐτετύ-μμην	ψω	πτο													
	μμην	φθην														
	μμεθα	φθε	μμένοι													
			ἦσαν													
1st Future.	τυφθήσ-ομαι	εται		. . .			τυφθησ-οίμην	οιο	οιτο				τυφθήσ-εσθαι	τυφθησ-όμενος	η	ον
	ομαι	εσθον		. . .			οίμην	οισθον	οισθην					N. όμενος	η	ου
	όμεθον	εσθον	εσθην	. . .			οίμεθον	οισθον	οισθην					G. ου	ης	η
	όμεθα	εσθε	ονται	. . .			οίμεθα	οισθε	οιντο					D. ῳ	ῃ	ῳ &c.
1st Aorist.	ἐτύφθ-ην	ης		τύφθ-ητι	ἦτω		τυφθ-είην	εἴης	εἴη	τυφθ-ῶ	ῇς	ῇ	τυφθ-ῆναι	τυφθείς		
	ην	ητην		ητι	ἦτω		εἴην	εἴητον	εἰήτην	ὦ	ῇς	ῇ		N. είς	εῖσα	ἐν
	ημεν	ητε	ησαν	ητον	ἦτων		εἴημεν	εἴητε	εἰήσαν	ὦμεν	ἦτον	ἦτον		G. έντος	είσης	έντος
				ητε	ἦτωσαν	ἔντων					ἦτε	ὦσι		D. έντι	είσῃ	έντι &c.

2nd Aorist.	ἐτυπ-ην			τύπ-ηθι		τυπ-είην		τυπ-ῶ		τυπείς
	ην	ης	η	ηθι	ητω	είην	είης	ῶ	ῇς	ῇ	N. είς εἶσα ὀν
	ημεν	ητον	ητην	ητον	ητωσαν	εἶμεν	εἴητον	εἴητε	ὦμεν	ἦτον	ἦτον	G. έντος εἴσης ἔντος
		ητε	ησαν	ητε	ἔντων		εἴησαν			ἦτε	ὦσι	D. ἔντι &c.
2nd Fut.	τυπ-ήσομαι					τυπ-ησοίμην					τυπ-ήσεσθαι	τυπ-ησόμενος
	ήσομαι	ήσῃ, ήσει	ήσεται			ησοίμην	ήσοιο, ήσοιτο	ήσοιτο				N. -ησόμενος η ον
	ησόμεθον	ήσεσθον	ήσεσθον			ησοίμεθον	ήσοισθον	ήσοίσθην				G. ου ης ου
	ησόμεθα	ήσεσθε	ήσονται			ησοίμεθα	ήσοισθε	ήσοιντο				D. ᾧ ῃ ᾧ &c.
P.-p. Fut.	τετύψ-ομαι					τετυψ-οίμην					τετύψ-εσθαι	τετυψ-όμενος
	ομαι	ῃ, εἶ	εται			οίμην	οιο	οιτο				N. ὄμενος η ον
	όμεθον	εσθον	εσθον			οίμεθον	οισθον	οίσθην				G. ου ης ου
	όμεθα	εσθε	ονται			οίμεθα	οισθε	οιντο				D. ᾧ ῃ ᾧ &c.

MIDDLE VOICE.

The other Tenses are like the Passive.

Future.	τύψ-ομαι					τυψ-οίμην					τύψ-εσθαι	τυψ-όμενος
	ομαι	ῃ, εἶ	εται			οίμην	οιο	οιτο				N. όμενος η ον
	όμεθον	εσθον	εσθον			οίμεθον	οισθον	οίσθην				G. ου ης ου
	όμεθα	εσθε	ονται			οίμεθα	οισθε	οιντο				D. ᾧ ῃ ᾧ &c.
2nd Aorist.	ἐτυπ-όμην			τυπ-οῦ		τυπ-οίμην					τυπ-έσθαι	τυπ-όμενος
	όμην	ου	ετο	οῦ	ἔσθω	οίμην	οιο	οιτο				N. όμενος η ον
	όμεθον	εσθον	ἐσθην	ἔσθον	ἔσθων	οίμεθον	οισθον	οίσθην				G. ου ης ου
	όμεθα	εσθε	οντο	ἔσθε	ἐσθωσαν	οίμεθα	οισθε	οιντο				D. ᾧ ῃ ᾧ &c.
1st Aorist.	ἐτυψ-άμην			τύψ-αι		τυψ-αίμην		τύψ-ωμαι			τύψ-ασθαι	τυψ-άμενος
	άμην	ω	ατο	αι	άσθω	αίμην	αιο	αιτο	ωμαι	ῃ	ηται	N. άμενος η ον
	άμεθον	ασθον	άσθην	ασθον	άσθων	αίμεθον	αισθον	αίσθην	ώμεθον	ησθον	ησθον	G. ου ης ου
	άμεθα	ασθε	αντο	ασθε	άσθωσαν	αίμεθα	αισθε	αιντο	ώμεθα	ησθε	ωνται	D. ᾧ ῃ ᾧ &c.
2nd Fut.	ἀγγελ-οῦμαι					ἀγγελ-οίμην					ἀγγελ-εἶσθαι	ἀγγελ-ούμενος
	οῦμαι	ῇ, εἶ	εἶται			οίμην	οιο .	οιτο				N. ούμενος η ον
	ούμεθον	εἶσθον	εἶσθον			οίμεθον	οισθον	οίσθην				G. ου ης ου
	ούμεθα	εἶσθε	οῦνται			οίμεθα	οισθε	οιντο				D. ᾧ ῃ ᾧ &c.

CONTRACT VERBS.

ACTIVE VOICE.

	Present.	τιμά-ω	ῶ	φιλέ-ω	ῶ	χρυσό-ω	ῶ
INDICATIVE MOOD.	Sing.	άω	ῶ	έω	ῶ	όω	ῶ
		άεις	ᾷς	έεις	εῖς	όεις	οῖς
		άει	ᾷ	έει	εῖ	όει	οῖ
	Dual	άετον	ᾶτον	έετον	εῖτον	όετον	οῦτον
		άετον	ᾶτον	έετον	εῖτον	όετον	οῦτον
	Plural	άομεν	ῶμεν	έομεν	οῦμεν	όομεν	οῦμεν
		άετε	ᾶτε	έετε	εῖτε	όετε	οῦτε
		άουσι	ῶσι	έουσι	οῦσι	όουσι	οῦσι
IMPERATIVE.	Sing.	αε	α	εε	ει	οε	ου
		αέτω	άτω	εέτω	είτω	οέτω	ούτω
	Dual	άετον	ᾶτον	έετον	εῖτον	όετον	οῦτον
		αέτων	άτων	εέτων	είτων	οέτων	ούτων
	Plural	άετε	ᾶτε	έετε	εῖτε	όετε	οῦτε
		αέτωσαν	άτωσαν	εέτωσαν	είτωσαν	οέτωσαν	ούτωσαν
		αόντων	ώντων	εόντων	ούντων	οόντων	ούντων
OPTATIVE.	Sing.	άοιμι	ῷμι	έοιμι	οῖμι	όοιμι	οῖμι
		άοις	ῷς	έοις	οῖς	όοις	οῖς
		άοι	ῷ	έοι	οῖ	όοι	οῖ
	Dual	άοιτον	ῷτον	έοιτον	οῖτον	όοιτον	οῖτον
		αοίτην	ῴτην	εοίτην	οίτην	οοίτην	οίτην
	Plural	άοιμεν	ῷμεν	έοιμεν	οῖμεν	όοιμεν	οῖμεν
		άοιτε	ῷτε	έοιτε	οῖτε	όοιτε	οῖτε
		άοιεν	ῷεν	έοιεν	οῖεν	όοιεν	οῖεν
	or Attic—	ῴην	ῴην	οίην	οίην	οίην	&c.
		ῴης		οίης			
		ῴη		οίη			
		ῴητον	ᾡήτην	οίητον	οιήτην	οίητον	οιήτην
		ῴημεν		οίημεν			
		ῴητε		οίητε			
		ῴησαν		οίησαν			

PASSIVE VOICE.

		τιμά-ομαι	ῶμαι	φιλέ-ομαι	οῦμαι	χρυσό-ομαι	οῦμαι
	Sing.	άομαι	ῶμαι	έομαι	οῦμαι	όομαι	οῦμαι
		άῃ	ᾷ	έῃ, έει	ῇ, εῖ	όῃ	οῖ
		άεται	ᾶται	έεται	εῖται	όεται	οῦται
	Dual	αόμεθον	ώμεθον	εόμεθον	ούμεθον	οόμεθον	ούμεθον
		άεσθον	ᾶσθον	έεσθον	εῖσθον	όεσθον	οῦσθον
		άεσθον	ᾶσθον	έεσθον	εῖσθον	όεσθον	οῦσθον
	Plural	αόμεθα	ώμεθα	εόμεθα	ούμεθα	οόμεθα	ούμεθα
		άεσθε	ᾶσθε	έεσθε	εῖσθε	όεσθε	οῦσθε
		άονται	ῶνται	έονται	οῦνται	όονται	οῦνται
	Sing.	άου	ῶ	έου	οῦ	όου	οῦ
		αέσθω	άσθω	εέσθω	είσθω	οέσθω	ούσθω
	Dual	άεσθον	ᾶσθον	έεσθον	εῖσθον	όεσθον	ούσθον
		αέσθων	άσθων	εέσθων	είσθων	οέσθων	ούσθων
	Plural	άεσθε	ᾶσθε	έεσθε	εῖσθε	όεσθε	ούσθε
		αέσθωσαν	άσθων	εέσθωσαν	είσθωσαν	οέσθωσαν	ούσθων
	Sing.	αοίμην	ῴμην	εοίμην	οίμην	οοίμην	οίμην
		άοιο	ῷο	έοιο	οῖο	όοιο	οῖο
		άοιτο	ῷτο	έοιτο	οῖτο	όοιτο	οῖτο
	Dual	αοίμεθον	ῴμεθον	εοίμεθον	οίμεθον	οοίμεθον	οίμεθον
		άοισθον	ῷσθον	έοισθον	οῖσθον	όοισθον	οῖσθον
		αοίσθην	ῴσθην	εοίσθην	οίσθην	οοίσθην	οίσθων
	Plural	αοίμεθα	ῴμεθα	εοίμεθα	οίμεθα	οοίμεθα	οίμεθα
		άοισθε	ῷσθε	έοισθε	οῖσθε	όοισθε	οῖσθε
		άοιντο	ῷντο	έοιντο	οῖντο	όοιντο	οῖντο

SUBJUNCTIVE

Sing.	δῶ	ὦ	έω	ὦ	δῶμαι	ὦμαι	έωμαι	ὦμαι
	δῷς	ᾖς	έῃς	ᾖς	δῷ	ᾖ	έῃ	ᾖ
	δῷ	ᾖ	έῃ	ᾖ	δῆται	ἦται	έηται	ἦται
Dual	δῶτον	ἆτον	έητον	ἦτον	δώμεθον	ὠμεθον	εώμεθον	ὠμεθον
	δῶτον	ἆτον	έητον	ἦτον	δῆσθον	ἆσθον	έησθον	ἦσθον
Plural	δῶμεν	ὦμεν	έωμεν	ὦμεν	δῆσθον	ἆσθον	έησθον	ἦσθον
	δῶτε	ἆτε	έητε	ἦτε	δώμεθα	ὠμεθα	εώμεθα	ὠμεθα
	δῶσι	ὦσι	έωσι	ὦσι	δῆσθε	ἆσθε	έησθε	ἦσθε
					δῶνται	ὦνται	έωνται	ὦνται

Infinitive

| δεῖν | εἶν | έειν | εἶν | δόσθαι | ἆσθαι | έεσθαι | οῦσθαι |

Participles

Mas.	δών	ὤν	έων	ὤν	δόμενος	ὠμενος	εόμενος	οὐμενος
Fem.	δοῦσα	οὖσα	έουσα	οὖσα	δομένη	ωμένη	εομένη	ουμένη
Neut.	δόν	ὄν	έον	οὖν	δόμενον	ὠμενον	εόμενον	οὐμενον

Imperfect

Sing.	αον	ων	εον	ουν	αόμην	ὠμην	εόμην	οὐμην
	αες	ας	εες	εις	άου	ὦ	έου	οῦ
	αε	α	εε	ει	άετο	ἆτο	έετο	οῦτο
Dual	άετον	ἆτον	έετον	εῖτον	αόμεθον	ὠμεθον	εόμεθον	οὐμεθον
	αέτην	άτην	εέτην	εἴτην	άεσθον	ἆσθον	έεσθον	οῦσθον
Plural	άομεν	ὦμεν	έομεν	οῦμεν	αόμεθα	ὠμεθα	εόμεθα	οὐμεθα
	άετε	ἆτε	έετε	εῖτε	άεσθε	ἆσθε	έεσθε	οῦσθε
	αον	ων	εον	ουν	άοντο	ὦντο	έοντο	οῦντο

VERBS IN μι.

ACTIVE VOICE.

INDICATIVE MOOD.

Present.

	Singular.			Dual.			Plural.	
1 τίθ-ημι	ην	ης	ησι	ετον	ατον	οτον	εμεν	ετε	έασι
2 ἵστ-ημι	ης	ης	ησι	ετον	ατον	οτον	αμεν	ατε	ᾶσι
3 δίδ-ωμι	ως	ως	ωσι	ετον	ατον	οτον	ομεν	οτε	δᾶσι
4 δείκν-ῡμι	ῡς	ῡς	ῡσι	υτον	υτον	υτον	ῡμεν	ῠτε	ῠ́ᾱσι

Imperfect.

1 ἐτίθ-ην	ην	ης	η	ετον	άτην		εμεν	ετε	εσαν
2 ἵστ-ην	ης	ης	η	ετον	ά·την		ᾰμεν	ᾰτε	ασαν
3 ἐδίδ-ων	ως	ως	ω	οτον	ότην		ομεν	οτε	οσαν
4 ἐδείκν-ῡν	ῡς	ῡς	ῡ	ῠτον	ῠ́την		ῠμεν	ῠτε	ῠσαν

Second Aorist.

1 ἔθ-ην	ην	ης	η	ετον	έτην		εμεν	ετε	εσαν
2 ἔστ-ην	ης	ης	η	ητον	ήτην		ημεν	ητε	ησαν
3 ἔδ-ων	ως	ως	ω	οτον	ότην		ομεν	οτε	οσαν
4									

IMPERATIVE MOOD.

Present.

1 τίθ-ετι	ε	έτω		ετον	έτων		ετε	έτωσαν, ἐντων
2 ἵστ-άθι	η	ά'τω		ατον	ά'των		ατε	ά'τωσαν, άντων
3 δίδ-οθι	ου	ότω		οτον	ότων		οτε	ότωσαν, ὀντων
4 δείκν-ῡθι	ῡ	ῡ́τω		ῠτον	ῠ́των		ῠτε	ῠ́τωσαν, ὐντων

Second Aorist.

1 θ-ές		έτω		ετον	έτων		ετε	έτωσαν, ἐντων
2 στ-ῆθι, α		ήτω		ῆτον	ήτων		ῆτε	ήτωσαν, άντων
3 δ-ός		ότω		οτον	ότων		οτε	ότωσαν, ὀντων
4								

INFINITIVE MOOD.—Present. 1 τιθέναι. 2 ἱστά'ναι. 3 διδόναι. 4 δεικνύ'ναι.
Second Aorist. 1 θεῖναι, εἶναι. 2 στάς, ἆσα, ἀν. 3 διδούς, οὖσα, ὀν.
PARTICIPLES.—Present. 1 τιθείς, εἶσα, ἐν. 2 ἱστά's, ἆσα, ἀν. 3 διδούς, οὖσα, ὀν. 4 δεικνύ's, ῦσα, ὐν.
Second Aorist. 1 θείς, θεῖσα, θέν. 2 στάς, στᾶσα, στάν. 3 δούς, δοῦσα, δόν.

SUBJUNCTIVE MOOD.

Present.

	Singular.			Dual.			Plural.	
1 τιθ-ῶ	ῇς	ῇ		ῆτον	ῆτον		ῶμεν	ῆτε	ῶσι
2 ἱστ-ῶ	ῇς	ῇ		ῆτον	ῆτον		ῶμεν	ῆτε	ῶσι
3 διδ-ῶ	ῷς	ῷ		ῶτον	ῶτον		ῶμεν	ῶτε	ῶσι
4									

Second Aorist.

1 θ-ῶ	ῇς	ῇ		ῆτον	ῆτον		ῶμεν	ῆτε	ῶσι
2 στ-ῶ	ῇς	ῇ		ῆτον	ῆτον		ῶμεν	ῆτε	ῶσι
3 δ-ῶ	ῷς	ῷ		ῶτον	ῶτον		ῶμεν	ῶτε	ῶσι

OPTATIVE MOOD.

Present.

1 τιθ-είην	εἴης	εἴη	1 εἴητον	3 εἰήτην	3 εἴημεν	4 εἴητε	8 εἴησαν
2 ἱστ-αίην	αἴης	αἴη	6 αἴητον	7 αἰήτην	6 αἴημεν	9 αἴητε	10 αἴησαν
3 διδ-οίην	οἴης	οἴη	11 οἴητον	12 οἰήτην	13 οἴημεν	14 οἴητε	15 οἴησαν
4							

Second Aorist.

1 θ-είην	'εἴης	εἴη	εἴητον	εἰήτην	εἴημεν	εἴητε	εἴησαν
2 στ-αίην	αἴης	αἴη	αἴητον	αἰήτην	αἴημεν	αἴητε	αἴησαν
3 δ-οίην	οἴης	οἴη	οἴητον	οἰήτην	οἴημεν	οἴητε	οἴησαν
4							

1 τιθεῖτον	3 τιθεῖεν	3 τιθείμεν	4 τιθεῖτε	5 τιθεῖεν
6 ἱσταῖτον	7 ἱσταίτην	8 ἱσταῖμεν	9 ἱσταῖτε	10 ἱσταῖεν
11 διδοῖτον	12 διδοίτην	13 διδοῖμεν	14 διδοῖτε	15 διδοῖεν

Second Aorist. 1 θεῖναι. 2 στῆναι. 3 δοῦναι.

PASSIVE AND MIDDLE VOICES.

INDICATIVE MOOD.

Present.

	Singular.			Dual.			Plural.	
1	τίθ-εμαι	εσαι (ῃ)	εται	ἐμεθον	εσθον	εσθον	ἐμεθα	εσθε	ενται
2	ἱστ-αμαι	ασαι (ᾳ)	αται	ἀμεθον	ασθον	ασθον	ἀμεθα	ασθε	ανται
3	δίδ-ομαι	οσαι	οται	ὀμεθον	οσθον	οσθον	ὀμεθα	οσθε	ονται
4	δείκν-ῡμαι	ῡσαι	ῡται	ῠ́μεθον	ῡσθον	ῡσθον	ῡ́μεθα	ῡσθε	υνται

Imperfect.

1	ἐτιθ-έμην	εσο (ου)	ετο	ἐμεθον	εσθον	εσθην	ἐμεθα	εσθε	εντο
2	ἱστ-άμην	ασο (ω)	ατο	ἀμεθον	ασθον	ασθην	ἀμεθα	ασθε	αντο
3	ἐδίδ-ομην	οσο (ου)	οτο	ὀμεθον	οσθον	οσθην	ὀμεθα	οσθε	οντο
4	ἐδείκν-ῡ́μην υσο	υτο	ῡ́μεθον	ῡσθον	ῡσθην	ῡ́μεθα	ῡσθε	υντο.

Second Aorist (Middle).

1	ἐθ-έμην	εσο	ετο	ἐμεθον	εσθον	εσθην	ἐμεθα	εσθε	εντο
2	ἐστ-άμην	ω	ατο	ἀμεθον	ασθον	ασθην	ἀμεθα	ασθε	αντο.
3	ἐδ-όμην	ου	οτο	ὀμεθον	οσθον	οσθην	ὀμεθα	οσθε	οντο

IMPERATIVE MOOD.

Present.

1	τίθ-εσο (ου)	εσθω	εσθον	εσθων	εσθε	εσθωσαν*
2	ἱστ-άσο (ω)	ασθω	ασθον	ασθων	ασθε	ασθωσαν†
3	δίδ-οσο (ου)	οσθω	οσθον	οσθων	οσθε	οσθωσαν‡
4	δείκν-ῡσο	ῡσθω	ῡσθον	ῡσθων	ῡσθε	ῡσθωσαν§

Second Aorist (Middle).

1	θέσο (ου)	θέσθω	θέσθον	θέσθων	θέσθε	θέσθωσαν
2	στάσο (στῶ)	στάσθω	στάσθον	στάσθων	στάσθε	στάσθωσαν
3	δόσο (δοῦ)	δόσθω	δόσθον	δόσθων	δόσθε	δόσθωσαν

SUBJUNCTIVE MOOD.

Present.

	Singular.			Dual.			Plural.	
1	τιθ-ῶμαι	ῇ	ῆται	ὤμεθον	ῆσθον	ῆσθον	ὤμεθα	ῆσθε	ῶνται
2	ἱστ-ῶμαι	ᾷ	ῆται	ὤμεθον	ῆσθον	ῆσθον	ὤμεθα	ῆσθε	ῶνται
3	δίδ-ωμαι	ῷ	ῶται	ὤμεθον	ῶσθον	ῶσθον	ὤμεθα	ῶσθε	ῶνται
4									

Second Aorist (Middle).

1	θῶμαι	θῇ	θῆται	θώμεθον	θῆσθον	θῆσθον	θώμεθα	θῆσθε	θῶνται
2	στ-ῶμαι	στῇ	στῆται	στ-ώμεθον	στῆσθον	στῆσθον	στ-ώμεθα	στῆσθε	στῶνται
3	δ-ῶμαι	δῷ	δῶται	δώμεθον	δῶσθον	δῶσθον	δώμεθα	δῶσθε	δῶνται

OPTATIVE MOOD.

Present.

1	τιθ-είμην	εἶο	εἶτο	εἴμεθον	εἶσθον	εἴσθην	εἴμεθα	εἶσθε	εἶντο
2	ἱστ-αίμην	αἶο	αἶτο	αἴμεθον	αἶσθον	αἰσθην	αἴμεθα	αἶσθε	αἶντο
3	δίδ-οίμην	οἶο	οἶτο	οἴμεθον	οἶσθον	οἰσθην	οἴμεθα	οἶσθε	οἶντο

Second Aorist (Middle).

1	θείμην	θεῖο	θεῖτο	θείμεθον	θεῖσθον	θείσθην	θείμεθα	θεῖσθε	θεῖντο
2	σταίμην	σταῖο	σταῖτο	σταίμεθον	σταῖσθον	σταίσθην	σταίμεθα	σταῖσθε	σταῖντο
3	δοίμην	δοῖο	δοῖτο	δοίμεθον	δοῖσθον	δοίσθην	δοίμεθα	δοῖσθε	δοῖντο

INFINITIVE MOOD.—Present. 1 τίθεσθαι, 2 ἵστασθαι, 3 δίδοσθαι, 4 δείκνυσθαι. Second Aorist. 1 θέσθαι, 2 στάσθαι, 3 δόσθαι.

PARTICIPLES.—Present. 1 τιθέμενος, η, ον. 2 ἱστάμενος, η, ον. 3 διδόμενος, η, ον. 4 δεικνύμενος, η, ον.
Second Aorist (Middle). 1 θέμενος, η, ον. 2 στάμενος, η, ον. 3 δόμενος, η, ον.

VERBS WITH SECOND AORIST LIKE VERBS IN μι.

Several Verbs, with the characteristics α, ε, ο, υ, form their Second Aorist Active like Verbs in μι.

EXAMPLES.

Indicative.			Imperative.		Optative.			Subjunctive.			Infinitive.	Participles.
ἔβην, from βαίνω.												
ἔβην	ἔβης	ἔβη		βῆθι	βαίην	βαίης	βαίη	βῶ	βῇς	βῇ	βῆναι	βάς βᾶσα βάν
	ἔβητον	ἐβήτην	βῆτον	βήτω	βαίητον	βαίητην	βῶτον	βῇτον	βήτον		βάντος, &c.
ἔβημεν	ἔβητε	ἔβησαν	βῆτε	βήτωσαν βάντων	βαίημεν	βαίητε	βαίεν	βῶμεν	βῆτε	βῶσι		
ἔγνων, from γιγνώσκω.												
ἔγνων	ἔγνως	ἔγνω		γνῶθι	γνοίην	γνοίης	γνοίη	γνῶ	γνῷς	γνῷ	γνῶναι	γνούς γνοῦσα γνόν
	ἔγνωτον	ἐγνώτην	γνῶτον	γνώτω	γνοίητον	γνοιήτην	γνῶτον	γνῶτον	γνῶτον		γνόντος, &c.
ἔγνωμεν	ἔγνωτε	ἔγνωσαν	γνῶτε	γνώτωσαν γνόντων	γνοίημεν·	γνοίητε	γνοῖεν	γνῶμεν	γνῶτε	γνῶσι		
ἀπέδραν, from ἀποδιδράσκω.												
ἀπέδραν	ἀπέδρας	ἀπέδρα		ἀπόδραθι	ἀποδραίην	δραίης	δραίη	ἀποδρῶ	δρᾷς	δρᾷ	ἀποδρᾶναι	ἀποδρᾶς ἆσα ἆν
	ἀπέδρατον	ἀπεδράτην	δρᾶτον	δρά᾽των		δραίητον	δραιήτην		δρᾶτον	δρᾶτον		ἀποδράντος, &c.
ἀπέδραμεν	ἀπέδρατε	ἀπέδρασαν	δρᾶτε	δρά᾽τωσαν δράντων	δραίημεν	δραίητε	δραῖεν	δρῶμεν	δρᾶτε	δρῶσι		
ἔδυν, from δύω.												
ἔδυν	ἔδυς	ἔδῡ		δῦθι	δύ῾η (1)	δύ῾ης	δύ῾η	δύω	δύῃς	δύῃ	δῦναι	δύς δῦσα δύν
	ἔδυτον	ἐδύ᾽την	δῦτον	δύτω	δύ᾽ημεν	δύ᾽ητον	δυήτην		δύῃτον	δύητον		δύντος, &c.
ἔδυμεν	ἔδυτε	ἔδυσαν	δῦτε	δύτωσαν δύντων			δῦεν	δύωμεν	δύητε	δύωσι		

NOTE 1. For δυίην.

VERBS IN μι WHICH ANNEX THE SYLLABLE νυ OR ννυ TO THE ORIGINAL ROOT.

ACTIVE VOICE.

Tenses.	Root α.	Root ε.	Root ο (ω)
Present	σκεδάννῦμι	κορέννῦμι	στρώννῦμι
Imperfect	ἐσκεδάννῦν	ἐκορέννῦν	ἐστρώννῦν
Future	σκεδάσω, σκεδῶ	κορέσω, κορῶ	στρώσω
Aorist	ἐσκέδασα	ἐκόρεσα	ἔστρωσα
Perfect	ἐσκέδᾰκα	κεκόρεκα	ἔστρωκα
Pluperfect	ἐσκεδᾰ́κειν	ἐκεκορέκειν	ἐστρώκειν

MIDDLE.

Present	σκεδδάνῠμαι	κορέννῠμαι	στρώννῠμαι
Imperfect	ἐσκεδδαννῠ́μην	ἐκορεννῠ́μην	ἐστρωννῠ́μην
Future	. . . . .	κορέσομαι	. . . .
Aorist	. . . . .	ἐκορεσάμην	. . . .
Perfect	ἐσκέδασμαι	κεκόρεσμαι	ἔστρωμαι
Pluperfect	ἐσκεδάσμην	ἐκεκορέσμην	ἐστρώμην
P.-p. Future	. . . . .	κεκορέσομαι	. . . .

PASSIVE.

Future	σκεδασθήσομαι	κορεσθήσομαι	στρωθήσομαι
Aorist	ἐσκεδάσθην	ἐκορέσθην	ἐστρώθην

ROOT ENDING WITH A CONSONANT.

Present	ὄλλῡμι	ὄλλῠμαι	ὄμνῦμι	ὄμνῠμαι
Imperfect	ὤλλῡν	ὠλλῠ́μην	ὤμνῦν	ὠμνῠ́μην
Future	ὀλῶ	ὀλοῦμαι	ὀμοῦμαι	
Aorist 1	ὤλεσα	ὠλόμην, Aor. 2	ὤμοσα	ὠμοσάμην
Perfect	ὀλώλεκα		ὀμώμοκα	ὀμώμομαι
Perfect 2	ὄλωλα			ὀμώμοσμαι
Pluperfect	ὀλωλέκειν		ὀμωμόκειν	ὀμωμόμην
Pluperfect 2	ὀλώλειν			ὀμωμόσμην

Aor. 1 Pass. ὠμόσθην and ὠμόθην.

Fut. ὠμοσθήσομαι.

εἰμί, I am.

INDICATIVE MOOD.

Present Tense.

Singular.			Dual.	Plural.		
εἰμί	εἶς	ἐστί	ἐστόν	ἐσμέν	ἐστέ	εἰσί
ἐμμί, D.	ἐσσί, A.	ἐντί, D.		εἰμές, D.	ἐτέ, P. ἐοντί, ἐντί, D.	
ἤμι, Æ.	ἐσσί, P.			ἐμέν, εἰμέν, P.		ἔἄσι, I.

Imperfect.

ἦν	ἦς	ἦ, A.	ἤτην	ἦμεν	ἦτε	ἦσαν
ἦ ἦμν, A.	ἦσθα, Æ.	ἦν, A.	ἤστην } P.	ἤμες, D.		ἔσαν, I.
ἔα ἦα	ἐπρθα ἦες	ἦς, D.	ἔτην			ἔσσαν } P.
ἔην ἔον } P.	ἔης ἔες } P.	ἦς ἔη } P.	ἔστην			ἦν ἔσκον } P.
ἔσκον εἰν	ἔσκες εἰς	ἔη ἔσκε } P.				

Future.

ἔσομαι	ἔσῃ	ἔσεται	ἐσ-όμεθον ἔσθον ἔσθον	ὀμεθα	ἔσθε	ὄνται
ἔσομαι, P.	ἔσου } P.	ἔσεται } P.				ἔσσονται, P.
ἐσοῦμαι } D.	ἔσσεαι	ἔσσεται }				
ἐσσεῦμαι }	ἔσει, A. D.	ἐσσεῖται,				
	ἔσεαι, I.	ἐσεῖται, D.				

Pluperfect.

| ἤμην | ἦσο | ἦτο | ἤσθον ἤσθην | ἤμεθα | ἦσθε | ἦντο |

IMPERATIVE MOOD.

Present.

| | ἴσθι, ἔσο | ἔστω | ἔστον ἔστων | | ἔστε | ἔστωσαν |
| | ἔσσω, ἔσσο, P. ἤτω, D. | | | | | ἔστων, A. ἔντων, I. D. |

εἶμι, I go.

INDICATIVE MOOD.

Present Tense.

Singular.			Dual.	Plural.		
εἶμι	εἶς εἶ	εἶσι	ἴτον	ἴμεν	ἴτε	ἴἄσι
	εἶσθα, P.			ἴμες, D.		ἴἄσι, I.

Imperfect.

| | εἷ | | ἴτον | ἴμεν | ἴτε | ἴσαν |
| ἤιον | ἤεις ᾔεις | ᾔε, P. | ἤτην | ἴμες, D. | | ἴσαν, P. |

Aor. 1 εἶσα   **Perfect** εἶκα   Pl.-Perf.
Future εἴσω   εἴκειν. A. ἤκειν

Second Aorist.

ἴον	ἴες ἴε		ἴετον ἰέτην	ἴομεν	ἴετε	ἴον
εἴσω } A. P.						
ἤϊον }						

IMPERATIVE MOOD.

Present.

| | ἴθι, εἶ | ἴτω | ἴτον ἴτων | | ἴτε | ἴτωσαν or ἰόντων ἴτων, A. |

OPTATIVE MOOD.

Present.

| ἴοιμι | ἴοις | ἴοι | ἴοιτον ἰοίτην | ἴοιμεν | ἴοιτε | ἴοιεν |
| ἰοίην, A. | | | | | | |

SUBJUNCTIVE MOOD.

Present.

| ἴω | ἴῃς | ἴῃ | ἴητον ἴητον | ἴωμεν | ἴητε | ἴωσι |

OPTATIVE MOOD.

Present.

			εἴημεν / εἶμεν, A.	εἴητε / εἶτε, A.	εἴησαν / εἶεν, A.
εἴην	εἴης / ἔοις, P.	εἴη / ἔοι, P.			
ἐσοίμην			ἰσ-οίμεθον οσθον οἰσθην	οἴμεθα	οὐσθε οὐντο

Future.

SUBJUNCTIVE MOOD.

Present.

			ὦμεν	ἦτε	ὦσι
ὦ	ᾖς / εἴης, P.	ᾖ / ἔῃ, P. / ἔῃσι / ἔῃ ᾗσι } I.	ἔωμεν, P. ἔωμεν, I. ἔομεν, P.	ἔητε, P. ἔητε, I. ὦμες, P.	εἴωσι, P. ἔωσι, I.
ἔω, I. & E. ᾖσθα, Æ.	ᾖς, I.		ἤτον ἔητον, P. ἔητον, I.	ἦτο	

INFINITIVE MOOD.

Pres. εἶναι | ἔμεν, I. ἔμμεν, P. ἤμεναι, P. | ἤμεν, ἤμες ἔμες ἤμεναι } D. | ἔμεναι, ἔμμεναι, Ep. | εἴμεναι, P. | Fut. ἔσεσθαι

PARTICIPLES.

Pres. ὤν | οὖσα | ὄν, I. & E. | Future ἐσόμενος / ἐσσόμενος, P.
ἐών | ἐοῦσα | ἐόν, I. & E. |
εἰς | εἶσα | ἐν, Æ. |
ἐῦσα, ἐοῦσα, ἐασσα, D.

INFINITIVE MOOD. PARTICIPLE.

Pres. ἵναι, εἶναι | ἴεναι in comp. | Pres. ἰών ἰοῦσα ἰόν
ἴμεν, E. | ἴμεναι, E.
ἴμεν, I. | ἴμμεναι, P. Future

MIDDLE VOICE.

Present ἵεμαι, ἵεσαι, &c. Imperfect ἱέμην, ἵεσο, &c. Future
εἰσόμαι. Aor. 1 εἰσάμην, εἴσω, &c.

Perfect.

εἶα	εἴας	εἴα		εἴατον εἴατον	εἴαμεν εἴατε	εἴασι
ᾖα, A. ᾖία	ᾖας ᾖίς, P.					

Pluperfect.

ᾔειν	ᾔεις	ᾔει		ᾔειτον ᾐείτην	ᾔειμεν ᾔειτε	ᾔεισαν
ᾔα or ᾔία, I., or ᾔεισθα				or ᾖτον ᾔτην	ᾔμεν ᾔτε	ᾔεσαν

IMPERATIVE MOOD.

ἴεσο, ἰέσθω.

INFINITIVE MOOD.

Present ἴεσθαι

PARTICIPLE.

ἱέμενος.

The Pres. εἶμι has generally a Future signification.
The Pluperfect ᾖειν, &c., is used as an Imperfect.

ἵημι, I send.

ACTIVE VOICE.
INDICATIVE MOOD.
Present Tense.

	Singular.			Dual.		Plural.		
ἵημι	ἵης	ἵησι		ἵετον	ἵετον	ἵεμεν	ἵετε	ἱεῖσι ἱέασι, I. ἱᾶσι, Att.

Imperfect.

ἵην ἵουν	ἵης ἵεις, &c.	ἵη		ἵετον	ἵέτην	ἵεμεν	ἵετε	ἵεσαν

In compound either ἀφίουν, or ἠφίουν; also ἠφίειν: 3 p. pl. ἠφίεσαν.
Future ἥσω. Aor. 1 ἧκα, ἕηκα I. Perfect εἷκα, ἕωκα Dor. Pluperf. εἵκειν.
comp. ἀνέσει Homer.

Second Aorist.

| ἥν | ἧς | ἧ | | ἕτον | ἕτην | ἕμεν εἷμεν | ἕτε εἷτε | ἕσαν εἷσαν, A. |

IMPERATIVE MOOD.—Present.

| | ἵεθι, ἵει | ἱέτω | | ἵετον | ἱέτων | ἵετε | ἱέτωσαν |

Second Aorist.

| | ἕς | ἕτω | | ἕτον | ἕτων | | ἕτε | ἕτωσαν |

OPTATIVE MOOD.—Present.

| ἱείην | ἱείης | ἱείη | | ἱείητον ἱεῖτον | ἱειήτην ἱείτην | ἱείημεν ἱεῖμεν | ἱείητε ἱεῖτε | ἱείησαν ἱεῖεν |

Second Aorist.

| εἵην | εἵης | εἵη | | εἵητον εἷτον | εἱήτην εἵτην | εἵημεν εἷμεν | εἵητε εἷτε | εἵησαν εἷεν |

SUBJUNCTIVE MOOD.—Present.

| ἱῶ | ἱῇς | ἱῇ | | ἱῆτον | ἱῆτον | ἱῶμεν | ἱῆτε | ἱῶσι |

Second Aorist.

| ὦ | ᾖς | ᾖ | | ἧτον | ἧτον | ὦμεν | ἧτε | ὦσι |

INFINITIVE MOOD.
Pres. ἱέναι, ἱέμεναι D. ἱέμεν I. Second Aor. εἶναι, ἕμεναι D. ἕμεν I.

PARTICIPLES.
Pres. ἱείς, ἱεῖσα, ἱέν. Future ἥσων, ἥσουσα, ἧσον
Aor. 2 εἵς, εἷσα, ἕν. Perf. εἰκώς, εἰκυῖα, εἰκός.

PASSIVE VOICE.
INDICATIVE MOOD (see τίθεμαι).
Pres. ἵεμαι. Imperf. ἱέμην. Perf. εἷμαι. Pluperf. εἵμην. Fut. ἑθήσομαι.
Aor. 1 ἕθην, εἵθην.

MIDDLE VOICE.
INDICATIVE MOOD.
Present and Imperfect like the Passive.

First Aorist.

	Singular.			Dual.		Plural.		
ἡκ-άμην				ἀμεθον ἀσθον ἀσθην		ἀμεθα	ἀσθε	αντο

Future.

| ἥσ-ομαι | | | | ὅμεθον ἔσθον ἔσθον | | ὁμεθα | ἔσθε | ὄνται |

Second Aorist.

| ἕμην εἵμην | ἕσο εἷσο | ἕτο εἷτο | | ἕμεθον ἕσθον ἕσθην εἵμεθον εἷσθον εἷσθην | | ἕμεθα εἵμεθα | ἕσθε εἷσθε | ἕντο εἷντο |

IMPERATIVE MOOD.
Second Aorist.

| | | (ἕσο, οὗ) ἕσθω | | ἕσθον ἕσθων | | | ἕσθε | ἕσθωσαν |

OPTATIVE MOOD.
Second Aorist.

| εἵμην | εἷο | εἷτο | | εἵμεθον εἷσθον εἱσθην | | εἵμεθα | εἷσθε | εἷντο |

SUBJUNCTIVE MOOD.
Second Aorist.

| ὦμαι | ᾖ | ἧται | | ὤμεθον ἧσθον ἧσθον | | ὤμεθα | ἧσθε | ὧνται |

INFINITIVE MOOD.
Pres. ἵεσθαι. Fut. ἥσεσθαι. Second Aor. ἕσθαι.

PARTICIPLES.
Pres. ἱέμενος, η, ον. Second Aor. ἕμενος, η, ον.

φημί, I say.

INDICATIVE MOOD.—Present Tense.

Singular.			Dual			Plural.		
φημί	φῄς	φησί		φατόν	φατόν	φαμέν	φατέ	φασίν
φαμί	φᾷς	φατί, D.						
ἠμί	ἠσί, A.							

Imperfect.

ἔφην	ἔφης	ἔφη		ἐφατον	ἐφάτην	ἐφαμεν	ἐφατε	ἐφασαν
ἤν	ἐφησθα							ἔφαν, I.
	ἦς	ἦ, A.						

Future, φήσω, φασῶ Dor. Aor. 1 ἔφησα.

Second Aorist.

| ἔφην | ἔφης | ἔφη | | ἔφητον | ἐφήτην | ἔφημεν | ἔφητε | ἔφησαν |

IMPERATIVE.—Present.

| | φαθί | φάτω | | φάτον | φάτων | | φάτε | φάτωσαν |

OPTATIVE.—Present.

| φαίην | φαίης | φαίη | | φαίητον | φαιήτην | φαίημεν | φαίητε | φαίησαν |
| | | | | | | | | φαίεν |

Aorist 1.

| φήσαιμι | αις | αι | | αιτον | αίτην | αιμεν | αιτε | αιεν |

SUBJUNCTIVE.—Present.

| φῶ | φῇς | φῇ | | φῆτον | φῆτον | φῶμεν | φῆτε | φῶσι |
| | φῇσαι, I. | | | | | | | |

Aorist 1.

| φήσω | φήσῃς | φήσῃ | | φήσητον | φήσητον | φήσωμεν | φήσητε | φήσωσι |

INFINITIVE. PARTICIPLES.

Present, φάναι Pres. φάς φᾶσα φάν
Aor. φῆσαι Aor. φήσ-ας ασα αν

MIDDLE VOICE.

Imperfect Tense.

| ἐφ-άμην | ασο | ατο | | άμεθον | ασθον | ἀσθην | άμεθα | ασθε | αντο |

IMPERATIVE.

φάσο φάσθω φάσθε

INFINITIVE. PARTICIPLE.

Pres. φάσθαι Pres. φάμενος, η, ον

PASSIVE VOICE.

Perf. Imper. πεφάσθω. Part. πεφασμένος.

ἴσημι, I know.

INDICATIVE MOOD.—Present Tense.

Singular.			Dual			Plural.		
ἵστημι	ἴσης	ἴστοι		ἴστατον	ἴστατον	ἴσταμεν	ἴστατε	ἴσασι
ἴσαμι	ἴσας	ἴσατι, D.		ἴστον	ἴστον, P.	ἴσμεν	ἴστε, P.	ἴσαν, P.
						ἴστομεν		

Imperfect.

| ἴσην | ἴσης | ἴση | | ἴστατον | ἰσάτην | ἴσαμεν | ἴστατε | ἴσασαν |
| | | | | | | | | ἴσαν, P. |

IMPERATIVE MOOD.

Present.

| | ἴσαθι | ἰσάτω | | ἴστατον | ἰσάτων | | ἴστατε | ἰσάτωσαν |
| | ἴσθι | ἴστω, &c. P. | | | | | | ἴστων |

INFINITIVE. PARTICIPLE.

Present, ἰσάναι ἴσμεν D. ἴσας ἴσασα ἴσαν

MIDDLE VOICE.

Present.

ἐπίστ-αμαι	ασαι ἄται			ἀμεθον ασθον	ἀσθον	ἀμεθα	ασθε	ανται
	{ῃ, ῃαι I.							
	ᾳ							

Imperfect.

| ἐπιστ-άμην | ασο | ατο | | ἀμεθον ασθον | ἀσθην | ἀμεθα | ασθε | αντο |
| ἠπιστάμην A. ω Δ. | | | | | | | | |

IMPERATIVE.

Present.

| | ἐπίστασο ἀσθω | | | ἀσθον ἀσθων | | | ἀσθε | ἀσθωσαν |
| | ἐπίστω A. | | | | | | | |

INFINITIVE. PARTICIPLE.

Present, ἐπίστασθαι. ἐπιστάμενος, η, ον.

κεῖμαι, I lie.

INDICATIVE MOOD.
Present Tense.

	Singular.	Dual.	Plural.
	κεῖσαι κεῖται	κείμεθα κεῖσθε κεῖνται	
	κεῖται, I.		κέεται, I.
			κέαται, κείαται, E.

Imperfect.

	Singular.	Dual.	Plural.
	ἐκείμην ἔκεισο ἔκειτο	ἐκείμεθον ἐκείσθον ἐκείσθην	ἐκείμεθα ἔκεισθε ἔκειντο
	ἐκέατο, I.		κείατο, I.
	κέεστο		κέατο, P.

Future.

ἔσομαι, εἶ, ἔται | ὀμεθα ἔσθε ὀρται
ἡ, D. κείσεαι, I.

IMPERATIVE. Present.
κεῖσο κείσθω, &c.

OPTATIVE. Present.
κέοιο κέοιτο, &c.

SUBJUNCTIVE. Present.
κέῃ κέηται, &c.
κῆται

INFINITIVE.
Present, κεῖσθαι.

PARTICIPLE.
κείμενος, η, ον.

ἧμαι, I sit.

INDICATIVE MOOD.
Present Tense.

Singular.	Dual.	Plural.
ἧμαι ἧσαι ἧται	ἥμεθον ἧσθον ἧσθον	ἥμεθα ἧσθε ἧνται (ἥαται, εἵαται P. ἕαται I.)
ἧσται		

Imperfect.

Singular.	Dual.	Plural.
ἥμην ἧσο ἧτο	ἥμεθον ἧσθον ἥσθην	ἥμεθα ἧσθε ἧντο (ἥατο, εἵατο P. ἕατο I.)
ἧστο		

IMPERATIVE. Present.
ἧσο ἥσθω | ἥσθον ἥσθων | ἧσθε ἥσθωσαν

INFINITIVE.
Present, ἧσθαι.

PARTICIPLE.
ἥμενος.

The compound κάθημαι is more in use than the simple ἧμαι.

Indicative Pres. κάθημαι, ησαι, ηται, &c. Imperf. ἐκαθήμην, ησο, ητο, &c.
Imperative Pres. κάθησο, κάθου, &c.   καθήμην, ἧσο, ἧστο, &c.
Optative Pres. καθοίμην οιο οιτο, &c. Subjunct. Pres. καθῶμαι, ῇ, ἧται, &c.
Infinitive Pres. καθῆσθαι. Part. καθήμενος.

Druck:
Canon Deutschland Business Services GmbH
im Auftrag der KNV-Gruppe
Ferdinand-Jühlke-Str. 7
99095 Erfurt